LA MINERÍA EN CUBA

UNA APROXIMACIÓN

胡安·鲁伊斯·昆塔纳（Juan Ruiz Quintana）
（上马亚里（Mayarí Arriba），1964）

冶金工程师，毕业于圣彼得堡矿业学院，国际企业管理硕士，莫阿高级冶金矿业学院（ISMMM）助理教授。曾就职于古巴镍业集团公司—— CUBANÍQUEL、矿场金属及矿物出口公司—— MITSA有限公司及成套场站设备进口公司——ECIMETAL（CECE）等多家与采矿业相关的企业。曾任古巴驻中国大使馆商务处代表。现任古巴能源和矿产部（MINEM）矿产总经理。

China University of Mining and Technology Press

LA MINERÍA EN CUBA

UNA APROXIMACIÓN

思必锐外事翻译部 译

古巴矿业概况

[古] 胡安·鲁伊斯·昆塔纳 著

中国矿业大学出版社

China University of Mining and Technology Press

江苏省版权局著作权合同登记号:第 10—2017—098 号
LA MINERÍA EN CUBA UNA APROXIMACIÓN
By Juan Ruiz Quintana

图书在版编目(CIP)数据

古巴矿业概况/(古)胡安·鲁伊斯·昆塔纳著;思必锐外事翻译部译.—徐州:中国矿业大学出版社，2017.3

ISBN 978-7-5646-3410-0

Ⅰ.①古… Ⅱ.①胡… ②思… Ⅲ.①矿业经济—概况—古巴 Ⅳ.①F475.161

中国版本图书馆 CIP 数据核字(2017)第 008784 号

书　　名　古巴矿业概况
著　　者　[古]胡安·鲁伊斯·昆塔纳
译　　者　思必锐外事翻译部
策划编辑　于广云
责任编辑　王美柱
出版发行　中国矿业大学出版社有限责任公司
　　　　　　(江苏省徐州市解放南路　邮编 221008)
营销热线　(0516)83885307　83884995
出版服务　(0516)83885309　83884920
网　　址　http://www.cumtp.com　**E-mail**:cumtpvip@cumtp.com
印　　刷　江苏淮阴新华印刷厂
开　　本　787×960　1/16　**印张** 9.25　**字数** 176 千字
版次印次　2017 年 3 月第 1 版　2017 年 3 月第 1 次印刷
定　　价　68.00 元
(图书出现印装质量问题，本社负责调换)

序

本书对古巴采矿业以及相关领域扩展内容的概况进行简要介绍，旨在为当今实施、研究和从事该领域劳务活动的所有工人、技术人员、专家、教授和教育人士，以及对该领域感兴趣的人员提供了解、学习和工作的资料。

2015 年 11 月 3 日，我与现任能源和矿产部矿产总经理胡安·鲁伊斯·昆塔纳(Juan Ruiz Quintana)进行了会谈，谈论急需在拉斯图纳斯(Las Tunas)建造采矿设施的事宜。他当时跟我提起想要撰写一本关于采矿业的书，并纪念雷内·拉莫斯·拉图(René Ramos Latour)，丹尼尔(Daniel)司令以及他作为采矿业工作人员战斗至牺牲所创造的伟大成就。

我提醒他，除了采访雷内·拉莫斯·拉图(René Ramos Latour)之前任职的尼卡罗镍矿加工公司(Nicaro Nickel Processing Corporation)的几位同事以外，还应采访一下采矿和冶金区域的奥古哈尔(Ocujal)矿场的工作人员，他们可以提供我们想要了解的关于这位烈士生前的所有资料。

本书不仅意在对古巴采矿业实务的概况进行介绍，更是为了让年轻人和没有生活在那个时代的工作人员了解丹尼尔(Daniel)司令的工作，并将他的优点发扬光大：谦虚、忠诚、坚韧、勇敢和负有责任感，提倡在工作和战斗中与同伴的合作精神，以保证革命工作的顺利传承。

拉米罗·巴尔德斯·梅嫩德斯(Ramiro Valdés Menéndez)
革命领袖

前　言

“我们国家的自然资源应由国家优先开发，并服务于人民。”[①]

总司令菲德尔·卡斯特罗·鲁斯(Fidel Castro Ruz)

每当提到古巴的采矿业，我们立刻会想到镍矿的生产，这是纯粹的采矿工业，但并不是这个重要领域唯一的产业。采矿业不是一门专业，也不是一类工业，而是人类选择性获取地壳和海底矿物资源而进行的一种活动，在未来还会开发更广阔的采矿领域。这一领域还应包括那些在现存矿场中工作的工人、技术人员和专家，特别是投身于建设部建筑材料产业(MICONS)的工作人员，他们才是这一领域的主体。

在古巴1995年起生效的第76号法律《矿业法》中，将“采矿活动”定义为从地质调查直到矿物质加工生产的过程。1939年在哈瓦那召开的第三届全国工程代表大会上，安东尼奥·卡尔瓦切·多拉多[②](Antonio Calvache Dorado)定义古巴采矿业：“古巴的采矿业鼓励官方和私人机构共同作出更大的努力，改善矿场的开采条件和矿物的工业生产过程。而这一切需要我

---

① 1981年4月26日在哈瓦那召开的第三世界经济学家联合会第二次代表大会上，总司令菲德尔·卡斯特罗·鲁斯(Fidel Castro Ruz)提出这一观点。摘自萨洛蒙·苏希·萨尔法蒂(Salomón Susi Sarfati)：《菲德尔·卡斯特罗(Fidel Castro)语录》，2008年哈瓦那政治出版社出版，第243页。

② 安东尼奥·卡尔瓦切·多拉多(Antonio Calvache Dorado)(1893—1984)，杰出的地质学家和采矿工程师。曾任采矿和矿物质咨询顾问，后任矿场督查。哈瓦那大学自然科学博士学位。古巴革命胜利后，加入矿物资源研究院，并于1962年组织创办了东方大学采矿工程和地质工程学院。参加了多次国际会议并发表了大量采矿和地质论文，其中，最突出的是上述工程领域革命历史节点的相关论文。

们古巴人坚定信念、提高技术水平、全力以赴地去实现。”①

当今的古巴采矿业呈现多种多样的活动形式，本书的创作除了向公众介绍该领域的知识外，也希望能够展示出与采矿活动相关的工人、技术人员和专家作出的努力，因为古巴革命胜利之前并没有技术学校或高校能够培养这方面的专业人才；而目前，在莫阿高级冶金矿业学院（ISMMM）、何塞·安东尼奥·埃切韦里亚理工学院（CUJAE）和比那尔德里奥大学（Universidad de Pinar del Río）均设置了采矿领域的相关专业。莫阿高级冶金矿业学院（ISMMM）是采矿业专业的教育中心，包括地质工程、矿业工程和冶金工程专业。

本书从提高兴趣的角度出发，采用通俗易懂、简洁明了的语言描述主题内容，便于各类读者理解。书中列举了古巴目前正在生产的主要矿产的广泛分类及其在古巴经济发展中的运用，并简要介绍了现行的法律框架规定。此外，书中还叙述了古巴共产党制定的经济和社会政策指南、采矿业革命及其实施形式。

采矿业是古巴各政府机构重点关注的行业，包括总司令菲德尔·卡斯特罗·鲁斯（Fidel Castro Ruz）及领导人埃内斯托·切·格瓦拉（Ernesto Che Guevara）、农业和矿业部部长佩德罗·米雷特·普列托（Pedro Miret Prieto）以及现任古巴国务委员会副主席、部长会议副主席拉米罗·巴尔德斯·梅嫩德斯（Ramiro Valdés Menéndez）在内的领导人都对采矿业给予了高度的重视。

古巴工程师的英雄轶事可谓是众所周知，最具代表性的首推传奇人物德梅特里奥·普雷西利亚·洛佩斯（Demetrio Presilla López）②，其事迹已被拍成电影《红尘》（Polvo Rojo）（赫苏斯·迪亚斯（Jesús Díaz），1981），当时，特别是佩德罗·索托·阿尔瓦（Pedro Sotto Alba）先锋工厂，即如今的莫阿

① 安东尼奥·卡尔瓦切·多拉多（Antonio Calvache Dorado）：《1939 年末古巴采矿业形势》，哈瓦那欧莱利书籍手册出版公司 1940 年出版，编号 304，第 3 页。

② 德梅特里奥·普雷西利亚·洛佩斯（Demetrio Presilla López）：工程师，在切·格瓦拉的领导下创办了莫阿湾镍厂，即如今的佩德罗·索托·阿尔瓦（Pedro Sotto Alba）先锋莫阿镍业有限公司（Moanickel S. A.）（详见附件 2）。

镍业有限公司(Moanickel S. A.)最初运营的时候,切·格瓦拉将采矿业视为众行业之首。

每年的10月24日是古巴的采矿和冶金工人日①,23日晚举办古巴镍业集团(CUBANÍQUEL)、地矿盐业集团(GEOMINSAL)、国家矿产资源办公室(ONRM)以及地质与古生物研究院(IGP)工作人员的庆祝活动。国家能源和矿产部(MINEM)借此时机为在采矿业工作了25年以上的员工颁发雷内·拉莫斯·拉图(René Ramos Latour)司令荣誉勋章以示敬意。

本书留有一个单独的章节讲述古巴采矿业的革命烈士雷内·拉莫斯·拉图(René Ramos Latour),丹尼尔(Daniel)司令的生平,在加入起义军行列之前,他曾在以其名字命名的尼卡罗镍矿加工公司(Nicaro Nickel Processing Corporation)工作,他的勤奋努力、团结上进、广开言路、运筹帷幄以及对退休人员和工人家属的关照关爱给他的同事们留下了深刻的印象。他的几位最亲近的同事和战友为我们提供了大量的独家资料。如今,雷内·拉莫斯·拉图(René Ramos Latour)永远活在我们心中,他给我们树立了领袖榜样,激励着我们前进,在采矿业领域为当今和未来的几代人留下了宝贵的精神财富。

胡安·鲁伊斯·昆塔纳(Juan Ruiz Quintana)

① 根据第30号法律,该采矿和冶金工人日针对能源和矿产部(MINEM)(原基础工业部(MINBAS))的所有工人、专家和管理人员。

目　录

第一章　古巴采矿业

第一节　古巴采矿业发展简史

古巴采矿业的历史起源于西班牙殖民时期。据克里斯托弗·哥伦布(Cristóbal Colón)的日记记载,1492 年 11 月 25 日,他们就收集了铁色(发红)的石块。当天,三艘轻快的三桅帆船驶入圣卡塔利娜港(Puerto de Santa Catalina),即如今奥尔金省(Provincia de Holguín)的莫阿港(Puerto de Moa)。西班牙人统治了岛屿后,发现了岛上的矿源,特别是可以开采和收集的金矿,而可见的金矿储备量非常有限,所以矿源很快就枯竭了。

从殖民时期至 1534 年期间,古巴的矿源仅限于应用在建筑材料和船体嵌缝用的柏油沥青中。1534 年,人们在古巴圣地亚哥(Santiago)区域发现了铜矿,后来当地被称为埃尔科夫雷(El Cobre),之后的一个世纪内,人们间歇性地在此开采铜矿,直至枯竭。

直到 1830 年前,古巴的采矿业总体来讲并没有在殖民地的经济发展中占据重要的地位。在发现上述埃尔科夫雷(El Cobre)丰富的铜矿时,英国人对其产生了浓厚的兴趣,并成立了名为"综合公司"的盎格鲁—西班牙公司。

埃尔科夫雷(El Cobre)铜矿开采的复兴为整个岛上的采矿业带来了巨大的利益。以铜矿开采为主的采矿活动迎来了高峰期,也是古巴被殖民时代矿石生产量最大的时期,而 1868 年十年战争(Guerra de los Diez Años)的爆发终结了这一鼎盛时期。

自 1868 年起至西班牙殖民时期结束,古巴断断续续的矿场开采非常贫乏,而此时美国资本也开始了对古巴采矿业的逐渐渗透。

在1898年至1902年美国干预古巴政府期间，军事政府颁发指令和规定，允许将古巴主要的矿藏，如东北部海岸的镍和铁等红土矿，归为美国公司所有。

这种情况下当然会有国外留学归来的古巴工程师提出抗议，他们全力以赴投身于维护古巴矿产能源的事业中，并致力于在古巴的高校中增设与采矿业相关的专业课程，其中，最具代表性的当属何塞·艾萨克·科拉尔·阿雷曼(José Isaac Corral Alemán)①和安东尼奥·卡尔瓦切·多拉多(Antonio Calvache Dorado)。后者在1938年于古巴圣地亚哥召开的第一届全国采矿业代表大会上提出创办采矿工程院校，并阐述了以下论据：

"……我们已经看到了古巴采矿产业的发展趋势，我们古巴人必须参与到这一产业发展中，这是我们义不容辞的责任和毋庸置疑的权利，而不是因无能为力只能眼睁睁地看着这些矿产财富开采带来的利润流到国外，开采的资本不属于我们国家，利润就不属于我们国家，不属于我们的工人，也不属于我们的技术人员。②"

随后，在1939年的古巴第三届全国工程代表大会上他获得了银牌，并提出：

"古巴的矿藏逐渐地在各种偶然情况下被发掘，而我们的政府暂时没有相关的技术手段开始对我国领土范围内不同地区的潜在矿源进行系统的研究，甚至都无法确定已发现的矿藏等级和种类。同时，官方也没有投入任何资金来支持开采或者勘探工作。政府对采矿的实际情况

---

① 何塞·艾萨克·科拉尔·阿雷曼(José Isaac Corral Alemán，1882—1946)：矿产工程师、地质学家、冶金学家、数学家和养殖专家，是一位非常出色的科学家。1911年发表了名为《采矿界线》论文，体现了他对林业和矿业问题的关注，同时他在数学领域也有较大的进展。随后他发表了《比尼亚莱斯谷(Valle de Viñales)矿产地质勘查》，而他的志向驱使他又投入到了另一部资料更加丰富的作品中：1918年的《莫通博矿井气体的利用》。1921年至1928年期间，他在古巴逐渐开始声名远扬，而国际上也已将他视为古巴林业和矿业杰出人物和伟大的数学家。在这一时期，他发表了大量的重要著作，其中，包括《森林和水域》和《古巴采矿法》。同时，在其他的著作资料中，他还提出了各种应用于矿业和林业领域的重要数学研究成果，并以正式成员的身份加入哈瓦那皇家医学、物理和自然科学院。

② 引自《古巴采矿业历史和发展》，哈瓦那海王星出版社1944年出版。

并没有整体认识……[①]”

卡尔瓦切没有放弃在国会上的提议，1944 年在哈瓦那大学（UH）商业科学学院举办的论坛和在古巴圣地亚哥召开的全国工程代表大会上，他又提出了相同的观点，直到这一观点被东方大学（UO）所采纳。1955 年 8 月 12 日，他创办了采矿工程学院，但只是一个合理的概念和美好的愿望，却没有必需的人力和物质资源使学院实际运营起来。

1959 年以前，古巴采矿业生产的高峰期出现在军事对抗时期。两次世界大战和朝鲜战争刺激了古巴采矿业的生产。1943 年，尼卡罗镍矿加工公司（Nicaro Nickel Processing Corporation）成立，即如今的雷内·拉莫斯·拉图（René Ramos Latour）司令公司。

1959 年古巴革命胜利后，古巴决定制定针对国家潜在地质矿产资源勘探和开发的规划。但直到 1975 年，从地质角度来看，也只是对全国范围内 5％的领土面积进行了勘探识别。20 世纪 80 年代末，在前苏维埃社会主义共和国联盟（URSS）和经济互助委员会（CAME）成员国的帮助下，勘探的潜在矿源达到了 50％。

古巴国家地质调查研究院成立后，对于国家地质特征的勘探工作逐渐步入正轨，并发掘出了更多的矿藏。

在这一时期取得的重大成果有：

• 成立了国家地质机构，发展了矿业和石油业，在全国范围内配备地质和石油勘探设施和多处生产厂站，包括镍业工厂。

• 矿产储备量为镍业发展奠定了坚实的基础，可靠性高，能够保证当时各工厂的生产量。

• 胡卡洛（Júcaro）铜矿的发掘和开采。

• 铅矿和锌矿储层的勘探和开发。

• 青年岛（Isla de la Juventud）德利塔（Delita）金矿的勘探。

---

① 安东尼奥·卡尔瓦切·多拉多（Antonio Calvache Dorado）：《1939 年末古巴采矿业形势》，哈瓦那欧莱利书籍手册出版公司 1940 年出版，编号 304，第 16 页。

• 建筑材料和水泥生产原材料的快速发展。

• 开展地面和平台作业进行石油勘探，以及钻井搜索和勘查计划。发现了 14 个油田。

• 制定古巴地图绘制法并绘制古巴地质图。

第二节　古巴矿产的地质勘查

古巴群岛是从南美洲大陆脱离的弧形火山群岛系统。群岛沿逆时针方向脱离，碰撞后断裂，依附在现在的北美板块上，是白垩纪马斯特里赫特阶最后一块分区。群岛的名称源自荷兰马斯特里赫特市，因为在那里发现了该时期的其他遗迹。这一纪是恐龙存在的最后时期，时间约为 7200 万年前。

在古巴革命取得胜利之前，古巴地质学的研究工作一直由外国公司进行，主要包括联合石油公司（Union Oil Company）、壳牌（Shell）和大西洋（Atlantic）等石油企业。古巴几乎没有本土的地质学家，只有一些土木工程师为了重新掌握工程的地质情况而从事相关的专业地质工作。

与切·格瓦拉在国家土地改革研究院（INRA）共同工作的马努埃尔·马雷罗·法兹博士（Dr. Manuel Marrero Faz）介绍说，自 1959 年起，取消了负责地质学的单位，即农业部林业和矿业局，成立了古巴石油研究院（ICP）和古巴矿业研究院（ICM）。随着从事古巴采矿业的外国公司逐渐被收归国有，切·格瓦拉委托他负责收集这些公司整理的所有地质信息。

> “在将那些公司收归国有化的同时，也要将银行金库收归国有。”马雷罗解释道，“壳牌（Shell）、雪佛龙（Chevron）、德士古（Texaco）及布埃纳维斯塔铜矿（minera Buena Vista）公司收集的地质报告目前都存放在维达多区（Vedado）国家矿产资源办公室（ONRM）总部。该机构利用所有这些资料建立了技术档案，这是一份记载着古巴七十年矿产和石油开采历史信息的无价之宝。”

菲德尔（右一）旁边是马雷罗博士（右二）和他的同事们

档案作为珍藏品最初存放在赫苏斯梅嫩德斯大楼的三楼。当古巴平均工资还是25古巴比索时，在档案处的工作人员工资就已达到了500美金。在古巴革命开始的一年后，将其转存在古巴矿产资源研究院（ICRM）。当捷克人、苏联人和匈牙利人先后到来的时候，他们发现所有的档案都整理成了英文和西班牙文版，装订在文件盒中，标识非常清晰。根据档案中所有的区域和矿产地图制作了土地登记簿。当有新的工作人员加入进来时，就无需从零开始。

古巴革命胜利后，包括镍矿和建筑材料产业在内的采矿业项目开发急需充足可靠的原材料资源，因此在20世纪60年代初，古巴与苏联（URSS）签订了第一份协议，同意苏联在古巴领土上进行基础的地质勘查以及紧急项目原材料储备层的搜寻和定位工作。

地质研究报告是20世纪60和70年代与苏联（URSS）及其他社会主义国家合作完成工作中最杰出的成果，根据相关报告编制出了比例尺为1∶150000的国土地质图，以及比例尺为1∶50000的各重要区域的地质图，并完成了著名的经济互助委员会(CAME)报告。该组织设有地质委员会,他们在古巴针对每一个产业或领域配备了一个小型的非全职工作组。时任委员会主席是副部长奥斯卡·洛佩斯(Oscar López),现已过世。

能源和矿产部(MINEM)的地质和古生物研究院更新了古巴地质图(图1),将大陆边缘序列、火山岛弧和基性—超基性岩层露出地面的岩石区域表示出来。①

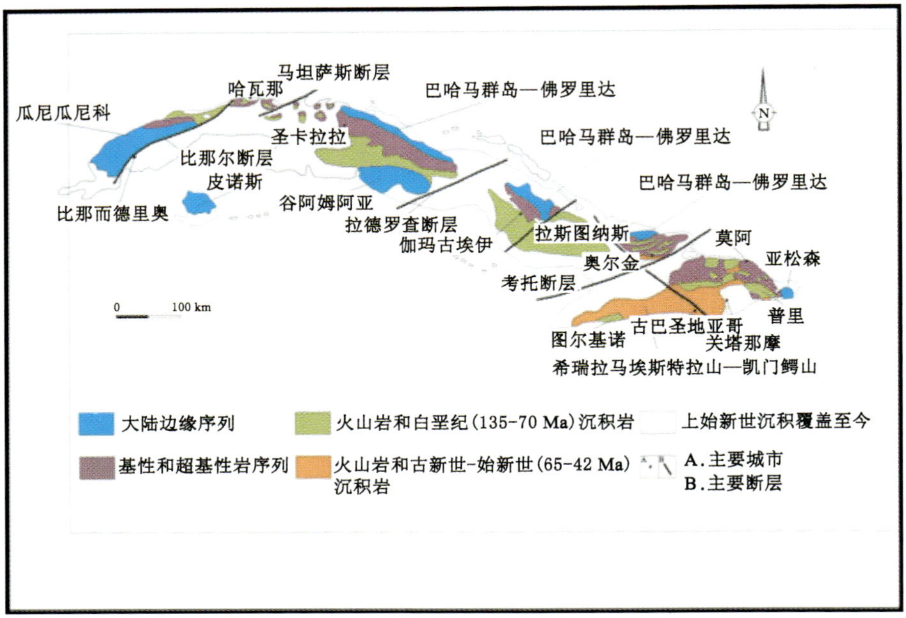

图1 古巴地质图(能源和矿产部(MINEM)地质和古生物研究院(IGP)绘制)

图1中,蓝色部分表示的大陆边缘序列,包括玛雅群岛(bloque Maya)的瓜尼瓜尼科(Guaniguanico)、皮诺斯(Pinos)和谷阿姆阿亚(Guamuhaya)地区,拥有重要的基础金属资源:锌(Zn)、铅(Pb)和铜(Cu),以及金(Au)、银(Ag)、钴(Co)、锑(Sb)、钨(W)。同时,还包括巴哈马群岛—佛罗里达(Bahamas-Florida)序列,该区域的钻井向西延伸,直到哈瓦那省(La

① 低硅含量深色矿物质。

Habana)。但这一区域几乎没有金属矿床,但是却拥有古巴最主要的石油和天然气矿床。

图 1 中,火山岛弧的序列表示如下;绿色为白垩纪火山岛弧地区,橙色为希瑞拉马埃斯特拉山—凯门鳄山(Sierra Maestra-Cresta Caimán)火山岛弧。

图 2 所示为古巴主要的金属矿床区域(用三角形表示)。

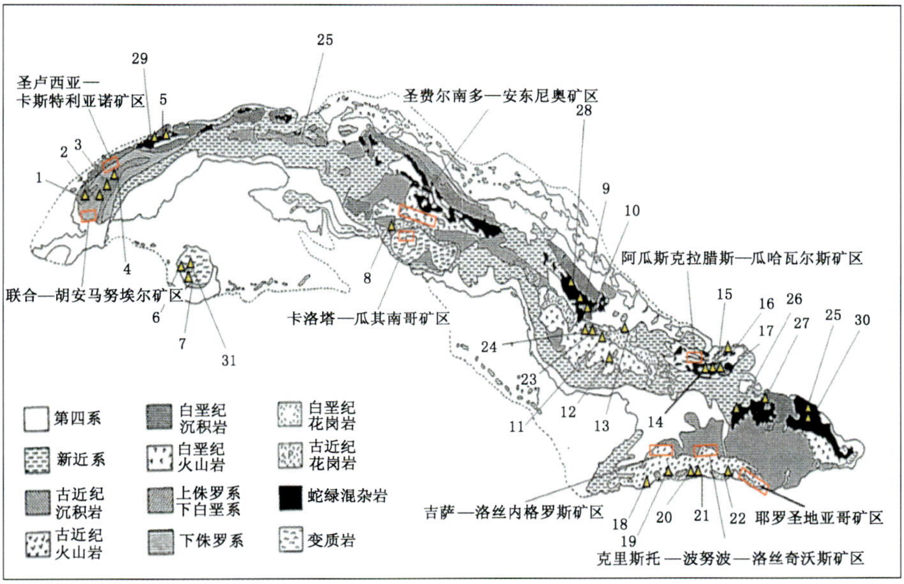

图 2　金属矿床及区域地质图(地质和古生物研究院(IGP)绘制)

图 2 中,1——耶罗曼图阿(Hierro Mantua)(铜 Cu,金 Au);2——坎迪达(Cándida)(铜 Cu,锌 Zn,银 Ag,金 Au);3——罗马德耶罗(Loma de Hierro)(银 Ag);4——马他赫贝(Matahambre)(铜 Cu,银 Ag)和涅韦斯(Nieves)(锌 Zn,铅 Pb,银 Ag,金 Au);5——胡卡洛(Júcaro)(铜 Cu);6——德利塔(Delita)(金 Au,银 Ag,锑 Sb);7——莱拉(Lela)(钨 W);8——阿丽玛奥(Arimao)(铜 Cu,金 Au);9——卡马圭Ⅰ号和Ⅱ号(Camagüey Ⅰ y Ⅱ)(铬 Cr,铂族元素 EGP);10——维克多利亚Ⅰ号和Ⅱ号(Victoria Ⅰ y Ⅱ)

(铬 Cr,铂族元素 EGP);11——瓜伊马罗(Guáimaro)(铜 Cu,钼 Mo,金 Au),帕洛塞科(Palo Seco)(铜 Cu,钼 Mo,金 Au)和帕洛塞科Ⅰ号(Palo Seco Ⅰ)(铁 Fe);12——金山(Golden Hill)(金 Au,银 Ag);13——雅辛图(Jacinto)(金 Au,银 Ag);14——圣玛利亚(Santa María)(铜 Cu,金 Au,锌 Zn);15——查科普列托(Charco Prieto)(铜 Cu,金 Au);16——科帕尔马斯(Cuatro Palmas)(金 Au,银 Ag);17——拉斯玛格丽塔斯(Las Margaritas)(铜 Cu,金 Au);18——因菲尔诺(Inferno)(锌 Zn,铜 Cu,金 Au,银 Ag);19——拉克里斯蒂娜(La Cristina)(铜 Cu,金 Au)和拉马尼亚那(La Mañana)(铜 Cu,金 Au,银 Ag);20——胡阿妮卡(Juanica)(铜 Cu,金 Au,银 Ag);21——贝塔雷伊(Veta Rey)(铜 Cu,金 Au,银 Ag)和圣米盖尔(San Miguel)(铜 Cu,金 Au,银 Ag);22——埃尔科夫雷(El Cobre)(铜 Cu,锌 Zn,铅 Pb,金 Au);23——埃尔艾姆巴尔克(El Embarque);24——特雷斯安特纳斯(Tres Antenas);25——莫阿(Moa)(铁 Fe,镍 Ni,钴 Co)和加玛丽奥卡(Camarioca)(铁 Fe,镍 Ni,钴 Co);26——比纳莱斯得玛雅里(Pinares de Mayarí)(铁 Fe,镍 Ni,钴 Co);27——乐维萨(Levisa)(铁 Fe,镍 Ni,钴 Co);28——圣费利佩(San Felipe)(铁 Fe,镍 Ni,钴 Co);29——卡哈尔巴纳(Cajálbana)(铁 Fe,镍 Ni,钴 Co);30——梅塞迪塔斯(Merceditas)(铬 Cr);31——圣弗朗西斯科(San Francisco)(铁 Fe);矿区(用矩形表示):联合—胡安马努埃尔(Unión-Juan Manuel)(铜 Cu,钴 Co,金 Au,银 Ag),卡洛塔—瓜其南哥(Carlota-Guachinango)(铜 Cu,锌 Zn,钴 Co,金 Au,银 Ag),圣卢西亚—卡斯特利亚诺(Santa Lucía-Castellano)(锌 Zn,铅 Pb,银 Ag,金 Au),圣费尔南多—安东尼奥(San Fernando-Antonio)(铜 Cu,锌 Zn,银 Ag,金 Au),耶罗圣地亚哥(Hierro Santiago)(铁 Fe,铜 Cu,金 Au),吉萨—洛丝内格罗斯(Guisa-Los Negros)(锰 Mn),克里斯托—波努波—洛丝奇沃斯(Cristo-Ponupo-Los Chivos)(锰 Mn),阿瓜斯克拉腊斯—瓜哈瓦尔斯(Aguas Claras-Guajabales)(金 Au,银 Ag)。

第三节　采矿业的定义及古巴开采的主要矿产

采矿工作，如今已成为采矿产业，是社会的基础经济活动，所以人们将古代史分为石器时代、青铜器时代和铁器时代是不无道理的。

采矿产业是指人们从地壳和海底选择性地获取矿产资源和其他材料（新形成的有机材料除外）的活动。

古巴目前开采的主要矿产包括：

• 金属：钴、铜、铬镁矿、铁、褐铁矿、镍、金、黄铁矿、银、铅、腐泥岩、蛇纹岩和锌。

• 非金属：安山岩、闪岩、黏土、砂、硅砂、砂岩、重晶石、玄武岩、膨润土、石灰石、巨石、高岭土、碳酸钙、砾岩复成分、白云石、页岩、长石、磷灰石、辉长岩、砂石、菱镁矿、泥灰岩、大理石、斑岩、滑石、凝灰岩、火山玻璃、石膏和沸石。

• 碳氢化合物：天然气和石油。

• 海水矿物和水：矿物质水、海砂、碳酸盐粉砂（珊瑚）、热泥浆和盐。

第四节　古巴采矿方法

古巴采矿业有四种基本采矿方法，另加第五种新型方法：

（1）地表采矿，即露天开采或其他明挖方式。

（2）地下采矿，是指通过地道或隧道进行开采。

（3）碳氢化合物开采，是指通过钻井提取或恢复矿物和燃料。

（4）深海（水下或疏浚）采矿。

（5）城市采矿，使有限资源（不可再生资源）再循环，这一方法在发达国家越来越受欢迎。

一、地表采矿(露天开采)

截至2015年年底,古巴共有14个采矿业组织,455个现行采矿合同。其中,包括10个勘探许可(PR),22个地质调查合同(CIG),266个开采合同(CE),131个开采及加工合同(CEP),26个加工合同(CP),分别属于以下机构:小型农业协会(ANAP)、糖业集团(AZCUBA)、科技和环境部(CITMA)、食品工业部(MINAL)、国家水力资源研究院(INRH)、建设部(MICONS)、农业部(MINAG)、能源和矿产部(MINEM)、武装部(MINFAR)、内政部(MININT)、旅游部(MINTUR)、公共卫生部(MINSAP)、交通运输部(MITRANS)和人民政府。这些机构基本都是通过露天开采的方式,生产建筑材料和金属及工业矿物质。

古巴采用的地表采矿方法,除镍、金和银的生产外,采用的均为基本的阶段和工艺,其中较为重要的包括:

(1) 地质调查和勘探

(2) 矿物开采和提取

(3) 矿物剥离

(4) 筛分

(5) 粉碎

(6) 干燥

(7) 研磨

(8) 分类

(9) 包装及生产分配

(10) 矿井复原

古巴就是通过上述方式来开采各种不同的矿产,具体内容在下文叙述。

(一) 建筑材料

古巴革命取得胜利时,建筑材料行业呈现出滞后、匮乏的现象,材料的生产非常有限,根本无法满足建筑项目的需求。1958年,古巴160个生产中心只生产了 20 万 m^3 的骨料，其中大部分是通过约 4200 名工人人工开采出来的。因此，当时在各产业领域中，最急需发展的非建筑材料莫属。

之后，随着发展形势的要求，这些行业直接与国家社会和经济发展所需的建设规划关联，这样一来，在近 50 年间，即使是在特殊时期，这些行业也呈现出极为有利的发展势头。尤其是开采后不受进口影响的材料（如骨料和陶瓷、水泥的原材料等），生产的增加为行业的发展奠定了基础。

菲德尔在 1975 年首届党代会的《主题报告》中表示："……革命领导人自身仍然没有明确意识到这个行业对于社会主义建设具有极其重要的意义。但是，在早期的工业规划中，确实采取了一些发展建筑基本材料的措施。"①

据此，在之后的几年间，古巴实施了大范围的地质勘查计划，探查重要的矿产资源和能够用作原材料或仅通过简单加工即可用作建筑材料的矿产储备。在菲德尔的领导下，规划建立了数十家骨料、水泥、墙体、预制结构、商品混凝土和其他建筑材料的生产工厂，以保证在之后的几十年间为革命领导人计划实施的众多大型发展项目提供充足的材料。

1959 年至 1989 年间，古巴共投资 10.32 多亿比索用于购买和建设来自不同国家的 180 个场站，其中，包括在古巴加工完成的 20 多个装机生产能力达到 2300 万 m^3 的骨料生产厂。1987 年至 1989 年三年间，古巴投资了 6.83 多亿比索，其中，1.36 亿为可自由兑换货币（MLC）。

1989 年，不到 8000 名工人完成了 1730 万 m^3 骨料的生产量，年平均生产率几乎为每人 2200 m^3，生产量是 1959 年的 8 倍，生产率也达到了 1959 年的 10 倍！在建设新工厂的同时，还建造了车间、实验室、调勘中心及其他机构的基础设施，通过一个集生产、保养、维修和正常运行为一体的系统来保证生产过程的进展。

20 世纪 90 年代初，古巴经济受限，融资困难增加，零配件供应减少，投资机会骤减，材料产业开始面临整体的撤资困境。

---

① 古巴共产党（PCC）首届党代会《主题报告》，于 1975 年在哈瓦那由古巴共产党中央委员会革命方向部起草，第 72 页。

在该时期,古巴的重点战略是利用出口及合资产业的可用财力确保紧要行业工作的实施,并分配必要的外汇按照最低标准保证使用中设施的运行和维护。

作为前提条件,古巴要求这部分投资应达到以下目的:提高生产力并降低成本,特别是能源和水的消耗,因为通常情况下该产业的能源和水消耗量居高不下;改善产品质量,满足建筑的用途标准要求;改善工作环境,因为该产业工作通常是在艰苦、恶劣的地方和条件下进行;最大限度地利用开采矿藏的可用储备资源,即适时地引入新型加工系统并优化产品材料的用途;尽可能降低相关生产活动对环境造成的冲击;提供新的产品或服务,提高建筑行业的生产率水平。

在建筑材料产业中,生产活动集中在15个建筑材料生产公司,分布在各个省和青年岛(Isla de la Juventud)的领土范围内;三家公司专门负责采石场的活动;一家专业国有企业负责生产大理石和观赏石;一家公司负责提供专业的采矿服务和地质勘探服务:EXPLOMAT;一家公司负责制造零配件的金属加工业务,配有安装队伍及通用和专业维修队伍,另外,还负责相关资源的国内营销及工业用品进口业务,该公司的基础生产基地包含112处采石场(石子、砂、花岗岩、大理石等)。

1. 建筑材料地区生产发展计划

建筑材料的地区生产是指由古巴各省市市政机构分管的企业系统,或非国家政府直属的自然人或法人来从事生产活动。在这些生产活动中,可以使用自然资源、可回收资源、废弃资源和国家平衡资源,鼓励不断创新生产活动的管理手段,达到可持续发展的目的。

地区生产最基本的目的在于使城市能够自给自足,能够生产足够的建筑材料满足城镇维护、修缮和新建工程的需求,通过自身的努力为城市居民提供符合当地价位的住宅,改善居住条件。同时,可以刺激就业增长,地区生产活动最直接的动态效果是促进了经济和社会发展,直接作用于地区,通过内生式发展,满足居民的需求,提高居民的生活质量。

该计划的清单中列入了118个项目,其中,36个是人工矿井和城市矿井开采的矿物资源或产品，这些是各个省份均需加强的项目。

人工矿井和城市矿井的操作人员必须经过严格的培训，熟知技术规范且经验丰富。各个城市对于矿产资源的了解、宣传和评估是生产链的第一个环节。各地方政府委员会应充分了解当地的潜力，通过细致的研究，制定出当地建筑材料生产的战略方针，是继续沿用传统工艺或是另辟新路，并应保护各城镇的历史价值和祖传手艺，在此基础上和谐地发展新战略。

目前，这些矿井的生产活动仍然通过手工采矿来进行，通过黏土和石材的使用逐渐取代了传统能源。基本采用小体积的制砖机和混凝土搅拌罐等小作坊，形成了应当鼓励的当地小型工业设施。所以，在这种情况下开采的原材料并非用于大型工业，且开采的过程通过手工或装配适当配件的拖拉机等设备来实现。在任何情况下，都不会使用爆破的方式。

2. 自然人如何通过合法方式进行采矿

原基础工业部（现其职能已转至能源和矿产部（MINEM））颁发的第76号法律《矿业法》及其条例中，第222条法令35号决议规定，办理并取得采矿特许需要：

（1）区域的精确定位。

（2）物理规划研究院（IPF）出具的精确定位文件。但是现在IPF规定，不允许为自然人办理采矿特许用的精确定位文件，只能为法人提供。

（3）《矿业法》及其条例没有做相关的更改，只有当自然人要求将采矿许可交给当地政府直属企业，且该企业聘请自然人作为个体经营商时，自然人才能进行矿场和其他矿产资源的开采活动。

该法律颁布的同时成立了国家矿产资源办公室（ONRM），作为古巴采矿业的管理机构。该机构负责处理自然人和法人提交的特许（采矿权利）申请，前提是其必须证明拥有履行相应义务的法律、技术和财物能力。这也就意味着，古巴的任何一种采矿活动，“都必须取得相应主管机构的许可，即部长理事会或能源和矿产部的执行委员会，由前者的专门办事处根据矿物种类签发相应许可。”

通过在建筑材料产业引入地区生产计划，确实涌现出了自然人采矿的成功案例。最成功的当属格拉玛(Granma)和古巴圣地亚哥(Santiago de Cuba)省人民政府建筑材料生产公司(EMPROMAC)的采矿工作。

一旦自然人与人民政府直属企业确立了合约关系,他们就可以在特许区域独立开采,并承诺将其产品出售给企业,国家政府要求企业承担监督责任,负责监督自然人的活动严格遵守《矿业法》及其条例的规定。

【砂】

图3　砂

砂是粉状的矿物质原材料,其颗粒基本来自于硅质岩和石灰岩的分解作用。古代河流和海洋的河床和海底砂形成了现在的沉积矿床。

砂主要用于陶瓷和细砖的制作,当然也有其他用途。可以与黏土和其他原材料混合,用于制作混合浇筑模板,以及作为混合砂浆和混凝土、玻璃产业、回填材料等的混合材料,另外,由于其具有相当硬度也可以作为喷砂机的磨蚀剂,用于清理生锈的金属表面。

古巴目前有以下建筑材料公司在进行砂的开采和加工:建筑材料产业公司集团(GEICON)、科技和环境部(CITMA)的伽马投资公司(Inversiones Gamma)、内政部(MININT)的公司以及人民政府机构的公司。

【硅砂】

硅砂是硅石和氧气结合的产物,是玻璃产业的基础材料,在混凝土、特殊砂浆、洗涤剂和涂料的成分配比中发挥重要作用。另外,在饮用水处理

图 4　硅砂

厂、钻井、浇筑、铺砂、喷砂、陶瓷地板、树脂、瓷砖、环氧树脂和棒球场、足球场、高尔夫球场及网球场等场所常用作滤料。目前，古巴地矿盐业集团(GEOMINSAL)比那尔德里奥省(Pinar del Río)地矿古阿奈斯砂厂(Arena Guanes de Geominera)和比亚克拉拉省(Villa Clara)地矿中心特立尼达砂厂(Arena Trinidad de Geominera Centro)在进行硅砂的开采和加工工作。

比那尔德里奥省(Pinar del Río)古阿奈斯(Guanes)硅砂加工厂

【砂岩】

图 5　砂岩

砂岩是一种沉积岩，含与砂尺寸相近的碎屑或颗粒。砂岩是地壳中最常见的沉积岩之一，结实、坚硬，呈褐色和灰色。尺寸合适的砂岩可以用于修建公寓和建筑装饰、房屋的路缘石、桥梁的墩台以及各种挡土墙。

可以将硬度较大的砂岩粉碎后，用作混凝土、道路路基和路面的骨料。然而，许多商品砂岩非常脆弱，且易胶结，因此，可以将其粉碎用作型砂、水泥生产和玻璃生产用砂。古巴建筑材料产业公司集团（GEICON）和武装部（MINFAR）下属的公司负责进行砂岩的开采和加工。

【安山岩】

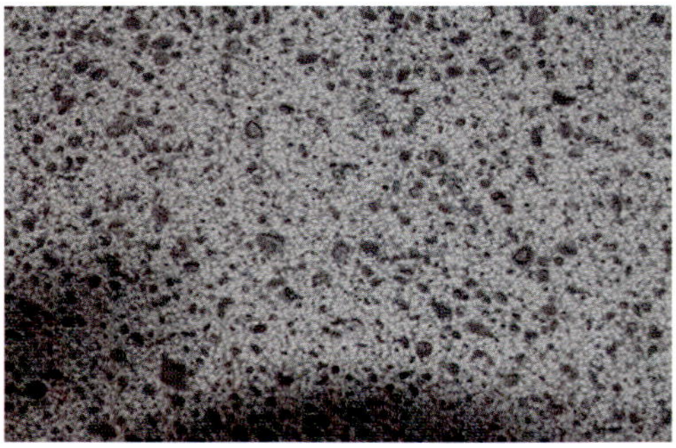

图 6　安山岩

安山岩属于火成岩喷出岩，岩浆融化后迅速凝固形成安山岩。适用于生产骨料及其他多种用途：生产路面石；建造石铺路面、地基和挡土墙；其粗糙的表面非常适合用作骨料，优异的附着力适用于生产水泥和沥青；同样也可用作道砟，能够满足铁道的稳定性功能要求。安山岩具有防水性，因此在水利工程中可以起到良好的密封作用。古巴建筑材料产业公司集团(GEICON)的多家公司致力于安山岩的开采和加工。

【闪岩】

图 7　闪岩

闪岩是一种变质岩，由几种岩石在高温高压下熔化而成，主要成分为闪岩矿石。闪岩是目前发现的最古老的岩石之一。常用于制作奢饰品和观赏石。目前，古巴刚刚在中部地区完成了一个检测项目(PR)，且地矿盐业集团(GEOMINSAL)的地矿中心正在比亚克拉拉(Villa Clara)、西恩富戈斯(Cienfuegos)和圣斯皮里图斯(Sancti Spíritus)进行相关的研究工作。

【黏土】

图 8a　黏土

图 8b　几种黏土制品

黏土是一种土壤或岩石，基本成分是硅酸铝。商品黏土主要用于工业原材料。不论从开采量还是生产价值来看，黏土都是极其重要的矿产资源之一。生产出的黏土 90%优先用于建筑材料和骨料的加工中，只有 10%会用于橡胶、涂料、吸收剂、着色剂、型砂、化学和医药制品。同样也可以用作肥料[①]，除了可以为岩性土壤增加塑性外，也可提供铁、矾土和硅质成分。

此外，还有几种所谓的特殊黏土，其实是由一种黏土矿物质构成，可以分为高岭石、高岭土和膨润土。古巴建筑材料产业公司集团(GEICON)、地矿盐业集团(GEOMINSAL)、农业部(MINAG)、武装部(MINFAR)以及人民政府机构下属的公司正在进行黏土的开采和加工。

【玄武岩】

图 9　玄武岩

玄武岩是一种火成岩，含有丰富的硅酸盐、镁和铁，含硅量低，是地壳中最主要的岩石之一。玄武岩硬度高，密度大，常用于建筑混凝土的生产；耐磨性好，附着力强，吸水率低，适用于港口防波堤的建设。另外，玄武岩也是公路工程中应用广泛的材料。

古巴圣地亚哥(Santiago de Cuba)工程公司和建筑材料产业公司集团(GEICON)的卡马圭(Camagüey)建筑材料公司正在开采玄武岩。

---

① 黏土或矿物质的混合成分，可以用于岩性、砂性、酸性或基性土壤的复原。

【石灰岩】

图10　石灰岩

石灰岩是一种沉积岩，主要成分为碳酸钙。碳酸钙是自然界中不含硅的矿物质中最常见的一种成分，也是海洋贝类、珊瑚和众多生物机体骨骼的主要成分，且常在人类和动物的饮食中起到补充钙质的作用。石灰岩主要用于洗涤剂、涂料、玻璃和水泥等的生产。

在建筑领域，石灰岩常被用于水泥以及混凝土、砂浆骨料的生产中；在化学工业中，人们通过化学途径将石灰岩用于钙化合物的制作：生石灰、熟石灰及沉淀碳酸钙；在造纸业中，石灰岩被制成微粉产品作为填充料和粉刷料使用；在冶金业钢材的加工生产中，石灰岩被用作助熔剂；在金属提取的工艺中，利用石灰岩的酸浸作用（镍和铜）来中和酒精。此外，在医药行业的药品生产过程中，石灰岩可以用作无机填料。石灰岩也可以用作肥料，中和酸性土壤，提高 pH 值。

石灰岩的开采和加工工作主要由古巴小型农业协会（ANAP）、国家水力资源研究院（INRH）和建筑材料产业公司集团（GEICON）、糖业集团（AZCUBA）、武装部（MINFAR）的下属公司以及地矿盐业集团（GEOMINSAL）玛雅贝克省（Mayabeque）的西部矿业、比亚克拉拉省（Villa Clara）的地矿中心、卡马圭（Camagüey）的地矿和古巴圣地亚哥（Santiago de Cuba）的东部地矿公司进行。同时，古巴人民政府机构和开创环境非农牧业合作社（CREAENTORNO）也在从事相关材料的开采和加工活动。

地矿石灰岩采石场，产品用作西恩富戈斯(Cienfuegos)水泥生产厂的原材料

【漂砾】

图 11　漂砾

漂砾或卵石(尺寸较小的称为小卵石或鹅卵石)，是磨光松散的岩石碎片，极易通过自然方式如水流和滑坡等被冲走。尽管漂砾的形状没有明确区分，但通常情况下，由于漂砾在移动的过程中会受到风化或水流侵蚀作用的磨损，所以漂砾的形态基本呈圆形、近圆形和椭圆形，且表面光滑没有棱角。

漂砾一般用于建筑中制作粉刷料（墙面）和路面。其平滑的形状非常适合作堆填材料，且因其附着力较高，用漂砾生产的混凝土和水泥用途也极其广泛。古巴各个省的建设和施工养护省属企业以及人民政府机构直属的企业都在进行漂砾的开采工作。

【高岭土】

图 12　高岭土

高岭土的基本成分是硅酸铝。如所有的黏土一样，高岭土吸水率较高，硬度较低。高岭土在工业上被广泛应用。在陶瓷产业中，用于生产瓷砖、陶瓷和陶器；在建筑业中，用作防水剂、砖坯和白水泥的制作；在造纸业中，用作填充料和粉刷料；在其他产业中，高岭土也常被用作涂料的填充料。作为黏土的一种，高岭土也可用作肥料，除了为岩性土壤增加塑性之外，还可提供铁、铝和硅等矿物成分。

古巴建筑材料产业公司集团（GEICON）的希瓜内（Siguaney）水泥公司开采高岭土用于生产白水泥；地矿盐业集团（GEOMINSAL）群岛建筑材料公司和群岛地矿公司也在开采高岭土。

【复成分砾岩】

复成分砾岩是一种由大小不同的圆形石块构成的岩石，这些石块浸入在颗粒较小的主体中（如砂），或者其他不同成分的岩石等。格拉玛（Granma）、古巴圣地亚哥（Santiago de Cuba）的社区服务预算单位和人民政府机构的公司将这种复成分砾岩应用于建筑中。

图 13　复成分砾岩

【白云石】

图 14　白云石

白云石是碳酸钙和碳酸镁组成的复合矿物，属于沉积岩。白云石常用作耐火材料生产中的镁源，也可用作冶金业的助熔剂以及用于陶瓷、涂料、白色填料和玻璃制作。

白云石非常适合用作矿物熟料，即最常用的水泥——波特兰水泥的主要成分，从而用于混凝土的生产。因其氧化镁含量较高，所以能够提高水泥的膨胀度。

白云石也可以用作酸性土壤复原的肥料，为其提供基本的镁成分。

古巴建筑材料产业公司集团（GEICON）、糖业集团（AZCUBA）、地矿盐业集团（GEOMINSAL）和武装部（MINFAR）下属的公司开采和加工白云石。

【片岩】

图 15　片岩

片岩是一种沉积岩(泥沙堆积而成)，暴露在外而逐渐变质，富含有机质，且在世界上的许多区域均有分布。直到十几年前，几家美国公司开发出了在水平面上粉碎和钻探片岩的新技术后，才开始将其用作气源。对于收藏家来说，片岩不仅仅是一种矿物质的来源，因为其呈现出不同的层次，人们可以将其雕刻成不同观赏形态。目前，片岩通常被切割成片状，用于制造屋顶的瓦片和室外的地砖。古巴建筑材料产业公司集团(GEICON)在比那尔德里奥(Pinar del Río)的EXPLOMAT公司正在开采片岩。

【长石】

图 16　长石

长石是长石族矿物的总称,是一类常见的含铝、钙、钠、钾硅酸盐类凿岩矿物,也存在含钡或上述几种基础成分混合的岩矿。长石是地壳最丰富的矿物质之一,其中,含钾和钠的长石的开采最为广泛。

长石主要用于玻璃、涂料和陶瓷产业。在全世界范围内,长石最主要的应用体现在:市面上85%～90%的涂料中均以长石作为填充料。长石也用于塑料、橡胶、胶体和密封胶等的制作中。含钾的长石也可以用作肥料,在一定程度上替代复合肥料NPK[①]的使用。

在古巴,长石主要用于制作墙体、底板、屋顶、卫生间和陶瓷设施的板材。建筑材料产业公司集团(GEICON)下属的EXPLOMAT、位于奥尔金(Holguín)的陶瓷公司、圣斯皮里图斯(Sancti Spíritus)和青年岛(Isla de la Juventud)的建筑材料公司均有参与长石开采的工作。

【辉长岩】

图17　辉长岩

辉长岩是一种火成岩,由岩浆缓慢冷却后形成的斜长石构成,是一种钠长石—钙长石、铁镁矿物质和辉石的结合体。

宇航员从月球上带回了与地球上辉长岩同族的岩石,差别在于:月球的岩石难熔成分如钛、锆和钇等更加丰富,而易挥发成分如钾、钠和铋的含量较低。

① 该肥料中氮、磷和钾含量相等,因此称为“NPK”。

辉长岩可以用于制作观赏石，磨光后可以用作覆盖面。这种岩石含有丰富的铁和镁，可以用于提取相关化合物。辉长岩也包含橄榄石，作为宝石，其商业价值很高。建筑材料产业公司集团（GEICON）玛雅贝克（Mayabeque）的采石场公司和古巴圣地亚哥（Santiago de Cuba）的工程建筑公司正在开采辉长岩。

【砾石或砂砾】

图 18　砾石或砂砾

砾石或砂砾是指岩石或矿物质经风化后产生的粒径大于砂的颗粒物质。而道路和公路建设中使用的碎石也可以称为砾石。

砾石可以用作混凝土生产所需的骨料、铁路道砟、非通行用平盖的保护面以及排水沟渠的滤料。通常情况下，砾石的粒径较小，为 6.4～9.5 mm，并且应在指定的条件下，采用各种不同的分类方式将砾石进行筛分。

世界各地都需要建设道路、建筑等基础设施，而在施工场地周边需要大量的砂和砾石。这也就意味着需要经常开采和冲洗砂或砾石，以去除材料中不适宜的成分，达到施工规范的要求。古巴国家水力资源研究院（INRH）、建筑材料产业公司集团（GEICON）、武装部（MINFAR）的各家公司以及人民政府机构的各个公司都在开采砾石。

【泥灰岩】

图 19　泥灰岩

泥灰岩是一种主要由石灰岩和黏土构成的沉积岩。其基本用途是制作水泥，也可以作为肥料，用于改善土壤条件。古巴建筑材料产业公司集团(GEICON)、农业部(MINAG)的公司、玛雅贝克省(Mayabeque)石油钻探和开采公司以及人民政府机构直属的公司进行泥灰岩的开采工作。

【大理岩】

图 20　大理岩

大理岩是一种变质的石灰岩，颗粒极细，强度和硬度较大。自古以来，大理岩都是护面结构中最常用的岩石，因为大理岩有纹理，且极易磨光，经加工后表面可以呈现出优美靓丽的外观。大理岩常用于室内和室外的墙面以及结构、阶梯和地板的表面，能够呈现与众不同的优雅质感，另外，在住宅内部的装饰部件，如栏杆、厅柱、桌台及其他部位均可能用到大理岩。

建筑材料产业公司集团(GEICON)的古巴大理岩公司在比亚克拉拉(Villa Clara)、西恩富戈斯(Cienfuegos)、比那尔德里奥(Pinar del Río)和青年岛(Isla de la Juventud)等多个地区开采大理岩。

【斑岩】

图 21　斑岩

斑岩是一种火成岩、浅成岩，呈多种颜色，这种岩石嵌入在白色斜长石斑晶中，是一种含钠长石—钙长石和一系列长石的复合矿物，通常情况下，十分引人注目。

斑岩抗风化能力很强，因此常常以块状或片状的形式用于建筑物表面的铺面和护面。斑岩中的几种岩石自古以来就很有名气，比如红斑岩就曾用于众多埃及和罗马的古建筑中，绿斑岩为众多建筑师应用在威尼斯的建筑中。建筑材料产业公司集团(GEICON)古巴圣地亚哥(Santiago de Cuba)和西恩富戈斯(Cienfuegos)的建筑材料公司在进行斑岩的开采工作。

【凝灰岩】

火山凝灰岩(简称凝灰岩)，或火山石灰华，是一种火成岩，质地较轻，具有多孔的稳定结构，由火山喷发时火山口喷出的灰浆或其他火山颗粒成分堆积形成。因为凝灰岩的处理相对简单，所以常用作建筑材料，其矿物成分

图 22　凝灰岩

使得其在遭受撞击时极易破碎；也可用作观赏石。

凝灰岩拥有较多的技术特征，比如其物理特征包括颜色多样性、轻质、强度大和可延展性好，适用于各类建筑工程。特别适合用作室外和室内的承重墙，因其具有多孔性的特征，可以在提高强度和承压能力的同时，减轻结构物的重量。而粉碎后的凝灰岩与石灰混合，加少量比例的水，即可制成高强度的水泥。

含钾的凝灰岩可以用作肥料，来改善需要增加钾含量的土壤成分，并在一定程度上替代复合肥料 NPK 的使用。古巴建筑材料产业公司集团(GEICON)的公司在进行凝灰岩的开采工作。

【石膏矿】

图 23　石膏矿

石膏矿是一种被称为“天然石膏”(二水合硫酸钙)的天然岩石。在工厂里,通过在石膏中添加其他化学物质,可以改变石膏凝固、强度、黏度、保水性和密度等特征;也可与水混合后直接使用。

作为工业产品,石膏,即硫酸钙,也被通俗地称为“熟石膏”,一般情况下,研磨后的石膏作为商品在市面上流通。

在建筑业,石膏以膏状的形式应用在抹墙、涂层和粉刷中,作为吸附和黏结剂。也可以在油漆和其他不同种类砂浆的基础上,利用石膏粉刷室内和室外的墙体和屋顶的完工面或装饰面,以获得层次感,或者在支撑结构的表面制作艺术壁画。

另外,石膏也可用作预制结构产品,如屋顶隔断和天花板的石膏板等。同时,石膏可以作为保温材料,因为石膏导热和导电性能较差。牙科中常用石膏来制作假牙模具。石膏在外科手术上也有应用,制成石膏夹板来固定骨骼,有利于骨折后骨骼的再生。雕塑作品中也会用石膏作为创作的模型。书写用的粉笔、装饰性的花瓶等也是由石膏制造而成。在缺乏硫化物的基性或碱性土壤中,石膏可以作为肥料。目前,建筑材料产业公司集团(GEICON)的公司和国家盐业公司(ENSAL)在进行石膏的开采工作。

(二)工业矿物

工业矿物包括碳酸钙、石英砂、膨润土、菱镁矿、沸石、磷灰石、花岗岩、火山玻璃、滑石、高岭土及其他矿物,其中部分矿物已在建筑材料章节描述过,此章节不再重复。

【重土】

重土是一种非金属矿物,也可称为重晶石,是一种惰性材料。重晶石是构成钡金属矿物最常见的一种,其他矿物还包括天青石、铅矾和硬石膏。重晶石主要应用于石油工业中。在涂料产业中也有重要的应用,如用于生产耐酸性的颜料等,也可用于提取钡元素。此外,汽车行业也会用到重土;玻璃产业中,重土可以用作助熔剂;重土密度大且可以吸收辐射,所以在 X 光室可以起到保护作用,并且在一些特定情况下,重晶石可以代替铅。重晶石

图 24　重土

被人摄入后，可以用作消化系统 X 射线的造影剂。目前，古巴重晶石的开采许可归地矿盐业集团（GEOMINSAL）的加勒比矿业合资公司（EMINCAR）所有。

【膨润土】

图 25　膨润土

膨润土，或膨润黏土，是以蒙脱石为主要矿物成分的矿物组合，含硅和氧，组成各种硅酸盐。膨润土遇水能够呈现极大的溶胀量。

膨润土常用于石油工业，作为增稠剂加入钻井泥浆中，以稳定悬浮装置。在浇筑模具的混合材料和铁矿造粒[①]材料中也用到膨润土，用以生产钢

① 在精细研磨的矿物或精矿烧结的过程中，通过添加凝聚剂和定量的水，将矿物打造为球形颗粒，然后由烧结炉使其硬化。

材；在建筑业中常用作防水剂。此外，在食品工业中，膨润土常在食用油、饮料和酒精制品的生产中作为脱色剂使用。膨润土与黏土一样，可以用作肥料，除了为岩性土壤增加塑性外，还可以提供铁、铝和硅等矿物成分。目前，由地矿盐业集团（GEOMINSAL）的两家公司——玛雅贝克（Mayabeque）的西部矿业公司和比亚克拉拉（Villa Clara）的地矿中心进行膨润土的开采工作。

【磷灰岩】

图 26　磷灰岩

通过磷灰岩的名称，即可知其是磷灰石[①]的微晶集合体，是很常见的块状沉积岩，结构非常紧凑。几乎 90％的磷灰岩主要应用在肥料厂和化学工业中，以提取磷灰石化合物，如磷酸和磷酸盐。从氟磷灰石中可以提取出氟化物，如氢氟酸等。也可以用在动物饲料中以补充磷质。目前，地矿盐业集团（GEOMINSAL）的西部矿业公司在进行磷灰岩的开采和加工工作。

【菱镁矿】

菱镁矿是自然界中由碳酸镁构成的矿物，在工业中具有广泛的用途，如用作耐热材料、制砖（煅烧菱镁矿）以及生产铁和钢材等。

菱镁矿也可用作肥料，用于制造复合肥料、混合肥料、散装混合肥料等，

① 六方晶磷灰石，其化学组成约为 $Ca_5(PO4)_3$，颜色多变，但主要是无色晶体，或呈褐色、绿色。

图 27　菱镁矿

作为肥料配方中的镁源，改善缺少镁元素的土壤条件。在古巴，烟草种植需要大量的镁元素。

菱镁矿还可用作中和剂，以沉淀通过酸浸作用提取出的金属，如镍等。菱镁矿在造纸业、建筑业（特别是水泥）以及橡胶产业中均有应用。在医药行业，菱镁矿可以作为中和剂用于治疗各种胃病。目前，由地矿盐业集团(GEOMINSAL)的两家公司——卡马圭(Camagüey)地矿公司和玛雅贝克(Mayabeque)西部矿业公司进行菱镁矿的开采工作。

【滑石】

图 28　滑石

滑石成分为碳酸镁。滑石的用途非常广泛，在造纸业和橡胶产业常被用作填充材料；在香料制造方面，采用几种不含铁成分的滑石制造香粉、香油和香精；在陶瓷制造业，滑石可以用作制造高压绝缘材料和耐酸、耐碱的瓷罐等。目前，古巴开发和加工滑石的公司均属于地矿盐业集团(GEOMINSAL)，包括东部地矿公司和西部地矿公司等。

【火山玻璃】

图 29　火山玻璃

火山玻璃是指玻璃质凝灰岩（玻璃），50%以上火山玻璃形成的岩石均为非晶质结构（玻璃）。富含非晶硅的玻璃质凝灰岩和其他原材料的应用极其广泛，可以用作滤料、惰性填料、轻型和中型磨料、建筑用轻骨料、保温材料、农药、杀虫剂和杀真菌剂的载体等。火山玻璃与含钾的凝灰岩一样，均可以用作肥料，改善需要这种元素的土壤条件，并从一定程度上代替复合肥料 NPK 的使用。目前，地矿盐业集团(GEOMINSAL)的东部矿业公司正在开采火山玻璃。

【沸石】

沸石是一类水合硅铝酸盐矿物质的总称，基本成分为钙和钠。沸石的获取分为天然和人工（或合成）方式，之后采用化学试剂进行处理。

天然获取的沸石通常用于材料需求量大但质量要求不高的产业中，如农业、密集型作物的底土（沸石培养基）、土壤改良剂、饲料生产、动物卫生、被污染水和饮用水处理、有害物质吸收、造纸和涂料产业（作为填料）、制药

图 30　沸石

业、肥料和农药业(作为营养成分或活性化合物的载体)、火山灰水泥、建筑材料及渔业等。

沸石在古巴直到 20 世纪末才逐渐被认可,因其发展前景可观、用途广泛,将其称为“世纪矿产”。一般情况下,沸石的加工和利用均需通过化学试剂处理。在古巴,最早的沸石矿井可以追溯至 130 年前,目前能够保证 7 万多吨的产量。

沸石作为添加剂,现已成功地应用在国外的动物饲料中,一般占饲料配方的 2%～3%,或根据具体配方确定相应的比例,在不改变饲料成分的基础上,可以保证更好的食用效果。在墨西哥和巴西等国,常采用如图 31 所示的

图 31　沸石作为过滤材料的使用情况

结构形式利用沸石作为饮用水、游泳池和按摩浴缸的过滤材料，但是目前在古巴还无法将沸石应用在这些领域，因为国家的相关规定还需要进行复核并向国际接轨。作为肥料，沸石有利于阳离子的交换，并且能够吸收水分。

目前，古巴有部分公司正在进行沸石的开采和加工工作，如塔萨赫拉斯（Tasajeras）、比亚克拉拉（Villa Clara）的地矿中心、卡马圭（Camagüey）和纳哈萨（Najasa）的地矿公司、奥尔金（Holguín）圣安德烈斯（San Andrés）的东部地矿公司等，均属于地矿盐业集团（GEOMINSAL）。

（三）能源和矿产部(MINEM)古巴镍业集团（CUBANÍQUEL）拥有的矿物和金属矿产

在古巴，即使古巴镍业集团（CUBANÍQUEL）的生产公司拥有矿区的开采权，并且矿区里包含红土矿和镍、钴等金属成分，但古巴采矿业并没有能从中提取金属镍和钴的提炼厂，因此，除了镍矿烧结以外，古巴需要的纯金属只能从国外进口和提炼。红土矿的结构如图 32 所示，主要的矿产由褐铁矿和蛇纹岩构成。

矿藏截面概况

常用名	大致组成/%			
	Ni	Co	Fe	MgO
瓦砾	<0.8	<0.1	>50	<0.5
褐铁矿	0.8~1.5	0.1~0.2	40~50	0.5~5.0
蛇纹岩	1.5~3.0	0.02~0.1	10~40	5.0~35
岩石	0.3	0.01	5	35~45

工艺技术

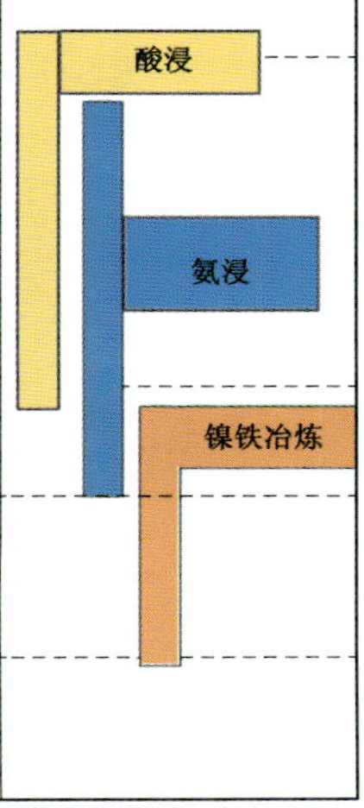

图 32　红土矿结构

【褐铁矿】

褐铁矿开采现场

褐铁矿是含镍的氧化铁混合矿物。一般情况下为针铁矿，但也存在不同比例的磁铁矿、赤铁矿和纤铁矿。褐铁矿被视为红土矿中较软的部分，是一种在氧化铁矿区常见的材料，通过多种铁矿特别是黄铁矿的分解作用形成。为此，褐铁矿是矿区开采中的一种重要的铁矿石。另外，褐铁矿还可用于染料制造。

【蛇纹岩】

蛇纹岩和腐泥岩开采现场

蛇纹岩是一种常见的矿物，通常为一定量的镁硅酸盐矿石，特别是橄榄石、辉石和闪石变质而成。蛇纹岩经常与铁矿、菱镁矿、铬镁矿和磁铁矿出现在一起。含镍量达到1.50%的蛇纹岩可以用于生产镍，含镍量低的则用于建筑材料，如公路、斜坡的压实回填材料等。

【腐泥岩】

腐泥岩存在于红土的下部，由受风化作用的岩石构成，保留了原始的岩石质感。古巴东北部地区受风化作用影响的超基性岩通常可以用作提取镍铁的原材料。

【镍】

镍是一种近似银白色并带有淡金色光的金属，可导电和导热，延展性好，可塑性高，便于轧制、打磨和铸造，常温下具备铁磁性。镍可以用于生产300系列不锈钢，该不锈钢含镍约9%、铬18%，其余成分为铁和其他工业价值较高的合金。另外，镍也可用作易腐蚀金属（特别是铁和铜）的装饰和保护面。采用电解的方式将镍溶液中的镍箔沉淀出来，可以制成镍镉电池，以及大量电子元器件和玻璃颜料（绿色）。古巴的镍产品基本为形态如图33所示的烧结镍矿以及硫化镍和硫化钴的精矿。

图33　烧结镍矿

【钴】

钴是从硫化镍和硫化钴中提炼出来的。最常用于发动机、飞机涡轮机和发动机气门产业的高性能高温合金中，钴合金的价格通常比镍合金高。钴与镍一样，都是适于制作合金的金属。钴最主要的特征是极高的硬度和耐久性。在玻璃产业中，可以用来制作蓝色的着色剂、陶瓷和涂料的干燥剂以及电池、磁铁和铁氧体生产中的太阳能催化剂。

（四）金属矿产

地矿盐业集团（GEOMINSAL）拥有的金属矿产，与古巴镍业集团（CUBANÍQUEL）一样，矿产中含有铜、铅和锌等金属元素，但古巴采矿业没有能够提取纯金属的提炼厂，只能将精矿出口到国外进行提炼。

【铜】

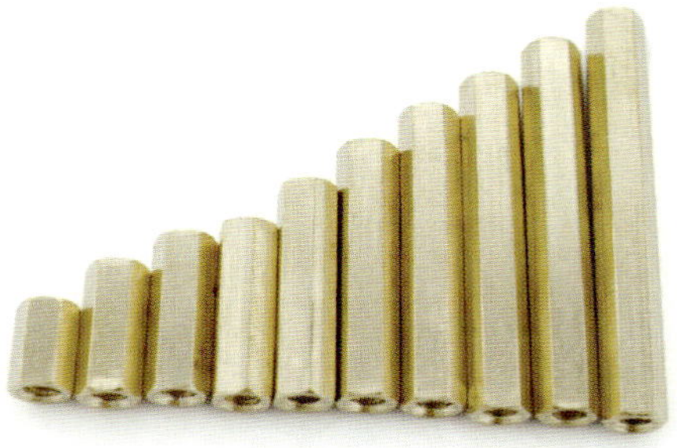

图 34　铜

铜及铜合金的用途非常广泛，常用于生产不同的产品，如货币、钟和大炮。从 19 世纪开始，确切地说是从 1831 年法拉第发明了发电机开始，铜就成为了一种战略性的金属，作为电缆和电力设施的主要原材料开始大规模地使用。铜是导电性能最好的金属之一，也正因其具备极高的导电性、延展性和可塑性，使其成为电缆和其他电气设备中最常用的材料。

铜在世界上最常用的金属排名中位列第三，第一和第二分别是铁和铝。在古巴历史上，曾在古巴圣地亚哥（Santiago de Cuba）、马塔安布雷（Matahambre）的矿藏和比那尔德里奥（Pinar del Río）的胡卡洛（Júcaro）开采过铜矿，但后来因为市场上铜的价格骤降，这些铜矿在 21 世纪初就全部关闭了。目前，地矿盐业集团（GEOMINSAL）有一个引入境外投资机会的矿藏:比那尔德里奥(Pinar del Río)的耶罗—曼图阿(Hierro-Mantua)矿藏。

比那尔德里奥(Pinar del Río)的耶罗—曼图阿(Hierro-Mantua)矿藏

【铬镁矿】

图 35　铬镁矿

铬镁矿属于尖晶石类的矿物(氧化物类),由铬铁组成,通常以小颗粒的形式出现在超基性火成岩和蛇纹岩中。一般情况下,铬镁矿中除自身的铬镁矿物质外,还包含尖晶石型化合物以及少量的钛和铈。

铬镁矿的主要用途是作为生产铬铁的原材料。在工业和商业市场中,将该矿物质分为三个等级:冶金、耐火材料和化工。铬镁矿应用于耐火材料产业、化学工艺制盐(制盐厂)和燃料(铬黄、铬红、绿色和铬色)。在莫阿(Moa)和梅塞迪塔斯(Merceditas)的矿井中是采用地下采矿的方式进行开采,而在卡约关(Cayo Guam)则是采用露天采矿方式。目前,地矿盐业集团(GEOMINSAL)的卡马圭(Camagüey)地矿公司在进行铬镁矿的开采和加工工作。

卡马圭(Camagüey)铬镁矿生产厂

【黄铁矿】

黄铁矿是硫化物类的矿物,其含约53%的硫黄和46%的铁。因硫黄含量较高,所以黄铁矿是提取硫酸最常用的矿物之一。在化工领域,通常利用黄铁矿来获取硫酸、抛光粉、红色和棕色的颜料以及铁矿石。目前,古巴没有公司开采和加工黄铁矿。比那尔德里奥(Pinar del Río)地矿公司正在进行已开采矿藏黄铁矿积灰的清理工作,开采的黄铁矿由工业部化工公司集团的硫酸金属(Sulfometales)公司进行加工。

图 36　黄铁矿

【银】

图 37　银

银是一种过渡金属，白色，颜色靓丽，柔软，延展性和可塑性较高。在自然界中，银可以作为不同矿物的成分(一般以硫化物的形式存在)或以单质形式存在。自然界中银的含量很少。大部分银产品都是来自铜矿、锌矿、铅矿和金矿处理加工后的副产品。世界上生产的银大约 70%都用于工业领域，另外 30%用于制造货币。也有一部分银会用于金银器业，但其更重要的用途还是在影像业、化工、医学和电子产业。比那尔德里奥(Pinar del Río)有一处银矿，地矿盐业集团(GEOMINSAL)负责开采和加工。

【铅】

图 38　铅

铅是有毒的重金属，因其具有毒性，所以会有“铅中毒”（plumbosis、plombemia 或 saturnismo）的说法。铅在血液中会阻碍血红蛋白的合成，改变血液输氧功能，从而渗透到身体的各个部位，引起贫血症状。

铅在电池和蓄电池制造业的用途最为广泛。另外，在四乙基铅、电缆护套、建筑材料、颜料、轻度焊接、军事弹药、沉子制造中也有重要的应用。此外，铅还可用于制造锡铁兵玩具和乐器管件等。

比那尔德里奥（Pinar del Río）的铅矿和锌矿

目前，人们正在研究有机铅化合物作为聚氨酯泡沫生产的催化剂，用作油漆涂料抑制船体水垢的增长，也可用作杀菌灭藻剂消除革兰氏阳性菌、螨虫和其他细菌等，保护木材免受真菌和海洋蛀虫的侵扰。有机铅化合物可以作为防腐剂防止棉布分解和发霉，还可用作灭螺剂、驱虫剂以及润滑剂和钢材缓蚀剂中的耐久性还原剂。

长期以来，铅都被用作 X 光机的保护屏。随着原子能的应用日益广泛，铅在防辐射领域的用途也越发重要。加勒比矿业合资公司（EMINCAR）计划于 2017 年在比那尔德里奥（Pinar del Río）开始铅精矿的生产活动。

【锌】

图 39　锌

锌的主要用途是在钢材上镀锌，保护钢材不被腐蚀。由于锌可以作为牺牲阳极保护法中的阳极金属，因此即使在覆盖面开裂的情况下，镀锌也能为电极提供有效的保护。另外，锌也用于油画颜料——锌白的制作，贵金属的冶炼和铅矿中的消银工艺。加勒比矿业合资公司（EMINCAR）计划于 2017 年在比那尔德里奥（Pinar del Río）开始锌精矿的生产。

二、地下采矿

目前已知的世界上最古老的地下矿井是位于南非斯威士兰（Suazilandia）莱邦博（Lebombo）山脉的红赭石矿，在公元前 4 万年就已开挖，远远早于农业的出现。当然，地表采矿在更古老的年代就已经兴起。

地下采矿是指通过修建地下坑道，来开采地壳中有用的矿物质。由于空间有限，无法使用大型机械设备，所以一般情况下，这种方法的生产率较低且劳动风险和成本较高。

当开采的矿物中含有大量的贫土，使得矿产项目几乎无法实现任何经济价值时，就需要采用地下采矿的方式。并且，地下采矿的优点在于可以提高开采的选择性，并减少对环境的影响。

地下采矿方法可以根据岩石类型分为软岩和硬岩开采，区别在于开采过程中是否需要使用爆破工艺。也可以根据开采的方法进行分类，主要取决于其形式、位置、矿物的工程地质特征和周围的岩体特征等。

(一) 空场(自然支护)采矿法

——分段矿房采矿法：这种方法适用于矿层倾角较大的矿体(通常为矿脉)。坑道的宽度可以与矿体宽度相同，也可以不同。爆破点根据垂直钻井网眼来确定。

——房柱采矿法：适用于横向的矿体或矿层倾角较小的矿体(薄矿层)。在坑道内放置岩石底柱来支撑坑道顶部。这些支柱可以采用常规或者非常规方式支撑。

——大直径深孔采矿法：钻井系统的改良使得矿井的开采深度日益增加(≥30 m)，在储量较大和矿层倾角或矿脉较大的矿体中可以采用本方法。本方法能够挖出直径达 50 m 的坑道，与分段矿房采矿法的不同之处在于：本方法是将矿块一次性采出。爆破点通常在地面以下的几个位置以扇形或沿径向布置。

(二) 人工支护采矿法

——留矿采矿法(矿井或采石场矿料)：适用于矿层倾角(矿脉)较大的矿体，开挖后矿壁需要支撑。随着坑道的凿进，将下部的矿料挖出。

——充填采矿法：与留矿采矿法的操作系统相似，实质区别在于充填材料并非来自同一个矿井，而是从外部带入的材料，如烂泥或砂等。同样可以选用选矿设备厂的废弃材料，这样更有利于保护环境。

——方柱（防护设施）采矿法：方柱采矿法工序非常繁琐，目前几乎不再使用。与充填采矿法类似，但需要额外使用矩形的支柱（框架）进行支护。

（三）崩落采矿法

——阶段崩落法：阶段崩落法适用于不规则的大型矿体，如铜斑岩矿藏等。该方法的技术要求是崩落的岩石应为易碎岩石。

——分层崩落法：当岩石为非易碎岩石时，可以采用分层崩落法。这种方法类似分段矿房采矿法，但是后者保留矿体本身的岩壁，而本方法则需将其崩塌。

地下采矿方法的使用很大程度上取决于矿体的位置。如果矿体位于地平面以上，则地下采矿的坑道就可以通过地上塌陷的方式进行开挖。如果矿体位于地平面以下，则需要通过钻井或斜井开挖坑道或入口，而在当代采矿业中，斜井是使用最频繁的方式，因为其允许大型设备进入，从而提高生产率。

除了钻井、斜井或地上塌陷的方式进入矿井外，也可沿矿脉方向或与其垂直的方向根据具体情况修建坑道。

矿井中不同矿层通过向上或向下的斜井来连接，也可以用于矿物运输、人员通行及其他活动。地下采矿需要根据具体的开采方法进行分层，这样能够提高效率，且便于运输和继续开采。

1542 年，随着圣地亚哥普拉多（Santiago del Prado）铜矿，即现在的埃尔科夫雷（El Cobre）矿场的开采，以英国和美国为代表的境外投资者将当时最先进的采矿技术引入古巴，促进了古巴采矿业的快速发展。

从殖民时期至今，古巴已经采用地下采矿的方式开采了多个矿藏，其中就生产水平、技术复杂性和对经济发展的重要性而言，最为突出的矿藏为：埃尔科夫雷（El Cobre）、圣费尔南多（San Fernando）、马他安布雷（Matahambre）和胡卡洛（Júcaro）的铜矿；梅塞迪塔斯（Merceditas）、卡约关（Cayo Guam）、克罗米塔（Cromita）和阿莫莱斯（Amores）的铬矿；波努波（Ponupo）、洛丝奇沃斯（Los Chivos）、巴兰卡（Barranca）、埃尔克里斯托（El Cristo）和查科雷东多（Charco Redondo）的锰矿；梅罗纳瑞斯（Meloneras）和德斯坎苏(Descanso)的金矿。

埃尔科夫雷(El Cobre)矿场——该矿场最初由西班牙殖民者于1530年开始进行开采,直到2001年关闭。在19和20世纪,有大量的外国公司进入古巴,包括铜矿、铜业公司、古巴租赁公司等,当时的产品基本出口至美国和英国。通过地质和露天采矿工作,发现当时的地下采矿深度已达到300多米。当时的地下采矿采用的是充填采矿法,选用贫土和选矿设备厂的废料进行填充。

桑图阿里奥(Santuario)附近的埃尔科夫雷(El Cobre)矿场

圣费尔南多(San Fernando)矿场——1827年发现并开始开采该矿场,断断续续的开采活动持续到1960年彻底结束。采矿期间,共开挖了6个不同用途的矿井,分为9层,长度在150～200 m之间。据估算,包括用于采矿的最深矿层在内,该矿场的深度应该超过了200 m。当时的采矿方法是不断凿进的留矿采矿法。

圣罗克(San Roque)(梅隆埃拉斯(Meloneras))矿场——梅隆埃拉斯(Meloneras)矿床在19世纪中叶时名为圣罗克(San Roque)矿场,是金矿产地,在1959年底矿场关闭之前,采矿活动一直断断续续。1957年时,该矿场至少有2个运行良好的矿井,称为富矿井和东矿井,有一处地上坑洞与前者相连,但地下坑道的情况却很模糊,因为缺乏详细的资料,无法获知坑道的位置、深度和开采程度。

马塔安布雷(Matahambre)矿场——1913 年开始该矿场的露天开采和地上坑洞开挖工作。产生的矿物用牛车运至圣卢西亚(Santa Lucía)港口。1920～1921 年间,美国金属公司的专家们来到古巴,为矿场带来了极其重要的投资和第一个选矿设备厂。1930 年确定了大致的采矿技术,开始了矿井的施工,开挖出更深的矿层。至 1997 年矿场关闭时,该矿场的深度已经达到 1552 m,是当时拉丁美洲最深的矿场。菲德尔(Fidel)于 1971 年视察了该矿场。

矿场一开始是通过切割和贫土充填方法进行开采的,人工选取矿物并通过 4 号坑道运出。随着矿井深度增加,深处的矿物被提升至提纯工作台,充填料也换成了选矿设备厂的废料。

菲德尔(Fidel)到马塔安布雷(Matahambre)矿场视察

胡卡洛(Júcaro)矿场——该矿场的开采从 1981 年持续到 1999 年,最主要的矿井最大深度为 326 m。在矿场关闭时,共有 6 个采矿层,其中 4 个正在使用,间距为 50 m。采矿方法是分段矿房采矿法。

梅塞迪塔斯(Merceditas)(莫阿(Moa))矿场——继卡约关(Cayo Guam)、克罗米塔(Cromita)和阿莫莱斯(Amores)地区的铬矿开始生产后,1981 年梅塞迪塔斯矿场的开采活动拉开序幕。矿体的海拔高度为 281 m,

所以该矿场采用矿房矿柱开采法，通过地上坑洞进行。

地上坑洞 M-1 和从莫阿(Moa)梅塞迪塔斯(Merceditas)开来的机车

目前，古巴地下采矿开采的唯一一种金属是金。实际上，古巴生产的是金银块，属于金、银、铜和其他金属的合金，在境外提取纯金。

【金】

图 40　古巴产出的金银块

金是一种黄色的贵金属，不与大部分化学产品发生反应，但可以溶于氰化物、亚汞、王水(盐酸与硝酸混合物)、氯和灰水。金通常以矿物质形态存在于矿脉中或以金砂形式存在。传统上采用金来制作珠宝首饰。全世界生产的金有四分之三都用在珠宝制造业。因其导电性能较好，10%～15%的金应用于工业，特别是电力行业。

目前，地矿盐业集团(GEOMINSAL)的地矿中心公司在比亚克拉拉(Villa Clara)的德斯坎苏(Descanso)矿场采用地下采矿的方式开采金矿。

比亚克拉拉(Villa Clara)德斯坎苏(Descanso)地下矿场

可以利用氰化法提取金(露天采矿)。地矿盐业集团(GEOMINSAL)的东部地矿和卡马圭(Camagüey)地矿公司分别在巴里达(Barita)、古巴圣地亚哥(Santiago de Cuba)、霍瓦沃(Jobabo)和拉斯图纳斯(Las Tunas)采用这种方法开采金矿。

三、碳氢化合物开采

在介绍碳氢化合物开采之前，需要了解这种矿物的基本常识。古巴学校开设的石油工业专业，有三年的课程是关于矿物学、岩石学、地球物理学、构造学、地质学和地球化学的。有一门学科叫做石油地球化学，与固态矿物质地球化学完全不同。这两门学科在石油矿藏或固态矿物矿藏开采中都会用到。

石油是人类使用的最重要的能源和矿产资源之一，因为通过石油人们可以获取大量的产品，如燃料、塑料、润滑剂、各类织物、涂料等2000余种对人类社会有用的产品。

石油并不是随处可见，只有在如图 41 所示的特殊地质特征的地壳区域，才能从土壤深处开采出石油。

图 41　油井结构

石油一般位于名为“储集岩”的岩石孔隙中。石油的开采可以在陆上或海底进行。一旦发现储集岩，就可以对其进行勘探工作，即采用测井钻探土壤，深度可能从几百米直到六七千米，直到产生输出油压。此时，就可以开始其他的测井勘探工作，从而确认油田的范围。有时，有储集岩的区域不一定有石油，因为其地质结构无法将石油封存或者石油还未生成。

勘探工作完成后，需用采油管和采油泵将石油泵送至地表，并通过输油管或油轮运输至提炼厂。

石油在提炼厂被加工成人们使用的产品。采用热化学过程，在高温高压下对生油进行加工。通过这种方法，可以获得很多“石油衍生物”，其中包括天然气、汽油、煤油和柏油。轻质石油产品可以用于石化行业，生产塑料和织物等。

古巴的很多地区从地表即可看出存在油矿，主要集中在古巴的北半部分。1881 年，古巴发现了位于今比亚克拉拉省（Villa Clara）科拉利略（Corralillo）地区的第一处油藏。

石油开采使用的传统采油泵或千斤顶

古巴对碳氢化合物开采的兴趣开始于1945年，在农业部的支持下，出版了一部名为《古巴柏油沥青油藏技术研究》的书，其中汇集了当时《矿业公报》发布过的主题信息。古巴沥青开采行业的发展并没有什么起色，尽管当时的工人和专家都记得从古巴出口了一小部分沥青到美国和英国，甚至纽约和伦敦的几条街道都是用古巴的产品铺筑的。

在20世纪40年代和50年代早期，古巴开始大力开展油井钻探活动，但也仅仅是在哈瓦那（La Habana）的北部海岸，瓜纳沃（Guanabo）、圣玛利亚（Santa María）、巴古拉娜奥（Bacuranao）和达拉拉（Tararú）海滩附近的几个小矿场旁边的哈蒂沃尼科（Jatibonico）地区开采了一个小型油藏，根据报道，该油藏在1959年的日产量为600或800桶石油。

自1960年起，古巴将之前被美国公司掌控的新兴石油工业逐渐收归国有，并成立了古巴石油研究院（ICP），开始了地质和地震研究的新阶段，逐渐踏上了发展的阶梯。但是，古巴的石油开采并没有取得可喜的成就，直到1970年在北部海岸、哈瓦那（La Habana）以东的哈鲁科河（río Jaruco）入海口附近发现了一个重要的油藏。

在这之前两年，发现了瓜纳沃（Guanabo）油藏，该油藏发现后的第二年，古巴与苏联签署协议，通过对土壤地质的深入研究，共同开展石油的勘探和开采工作。十几年后，在哈瓦那（La Habana）以东、马坦萨斯（Matanzas）省的巴拉德罗（Varadero）和加玛丽奥卡（Camarioca）地区发现了几处规模不同的新油藏。

当时确认了在古巴，包括墨西哥湾地区(Golfo de México)存在一处很厚的沉积矿区，由下侏罗纪、中白垩纪和古近纪、新近纪的岩石构成。国际知名的机构，如法国石油研究院和美国地质调查局(USGS)等均在古巴北部矿区计算出了大量的数据。美国地质调查局估算，忽略油藏储量增长不计，当地可开采46亿桶石油资源及9.8万亿 ft^3(立方英尺)的天然气。

自1991年以来，古巴的石油开采基本由外国公司包揽，开采总量达到了14000多千米地震测线。已划出59块矿区，其中包括墨西哥湾属于古巴境内的112 km^2 区域。

20世纪90年代，古巴急缺能源燃料，而国际市场上碳氢化合物的价格骤增，这种情况迫使处于不同阶段的开采工作加速进行。古巴成立了多个调研队伍，寻找不同地区的储集岩，同时开始进行重大的石油勘探工作。1991年，基础工业部(MINBAS)启动了一个天然沥青计划。

1995年，古巴国民议会通过了第77号法律《外商投资法》，吸引了主要来自于加拿大、拉丁美洲和欧洲的投资商。1999年，古巴决定在墨西哥湾"古巴专属经济区"开展相关业务。当时，约占2000 km^2 的49个矿区开始进入谈判阶段。至2000年12月，其中6个矿区签署了协议。

与固态矿物采矿业不同的是，古巴拥有可以保证石油采矿业产品提炼的设施。古巴目前有4个生油提炼厂：尼科洛佩斯(Ñico López)(哈瓦那(La Habana))、迪亚兹兄弟(Hermanos Díaz)(古巴圣地亚哥(Santiago de Cuba))、塞尔吉奥索托(Sergio Sotto)(圣斯皮里图斯(Sancti Spíritus))和与委内瑞拉的合资公司卡米洛西恩富戈斯(Camilo Cienfuegos)。

【沥青】

沥青由石油震荡和聚合产生，是一种固态碳氢化合物，颜色从亮黑色至亚光黑不等。沥青是一种轻质、易碎、杂质少、热值高的矿物产品。沥青与柏油或传统热沥青混合后可以用于路面铺筑、道路养护和修复，能够大幅度改善道路性能。

古巴目前已勘探到的沥青生产矿物资源基本位于玛雅贝克

图 42　沥青

(Mayabeque)哈鲁科(Jaruco)的马里埃尔(Mariel)、马坦萨斯(Matanzas)马尔蒂(Martí)地区和比亚克拉拉(Villa Clara)的普拉赛塔斯(Placetas)。古巴目前已绘制了国家其他前景矿区的地质图。

在 20 世纪 40 年代,古巴将马里埃尔(Mariel)地区生产的沥青出口到伦敦和纽约。1971 年,古巴用马里埃尔(Mariel)地区的曼努埃拉(Manuela)沥青铺筑了科希马尔(Cojímar)的环岛。拉丁美洲国家,如哥伦比亚等,成功运用了古巴生产的沥青进行了道路的修复和施工工作,并且采用的是冷拌冷铺沥青法。目前,古巴建设部建筑材料产业(MICONS)及其下属公司正在矿产资源附近进行利用沥青生产柏油沥青的试验,成功后将推广至全国各个地区。

四、深海(水下或疏浚)采矿

在古巴,深海采矿主要分布在沙滩地区,由科技和环境部(CITMA)进行海砂的开采工作;古巴镍业集团(CUBANÍQUEL)的莫阿港口(Puerto Moa)公司负责开采碳酸污泥用于镍业生产;地矿盐业集团(GEOMINSAL)则生产盐和药泥。

【海砂】

海砂包括岩石分解的颗粒以及通过鱼类消化的石灰石粉。在一些地区,海砂除了含硅以外,还含有铁、长石甚至是石膏。科技和环境部(CITMA)的伽马投资公司开采海砂,其基本用途是修复被侵蚀的沙滩地区。

图 43　海砂

【珊瑚软泥或碳酸软泥(珊瑚)】

珊瑚软泥或碳酸软泥,常被称作珊瑚,是一种在深海区域由极细颗粒构成的深海沉积矿物,其碳酸钙的含量大于 30%。这些碳酸钙来自于海洋浮游生物的骨骼。在提取镍的工艺中,采用这种软泥作中和剂,以降低酒精的酸度。此外,这种软泥也可用于生产石膏。奥尔金省(Holguín)莫阿(Moa)的佩德罗索托阿尔巴司令(莫阿镍业)公司正在开采珊瑚软泥,该公司是一家商业公司,其股东是古巴镍业集团(CUBANÍQUEL)。

从莫阿湾(Bahía de Moa)的矿藏提取出的珊瑚呈亮灰色,含有贝壳和其

莫阿港的珊瑚装运台

他海洋植物，但在珊瑚提炼的过程中，这些植物会被加工成含15%～25%固体成分的黏稠浆液。设计这种提炼厂的目的在于将碳酸钙从珊瑚矿层的杂质中分离出来，并将珊瑚粉碎成粒径小于0.84 mm的颗粒，生成该提炼厂的浆液产品。

珊瑚的开采通过带有大钳的吊车来实现，然后将珊瑚放置在装运台上运至珊瑚加工厂。

【盐】

古巴的盐是由地矿盐业集团（GEOMINSAL）的国家盐业公司（ENSAL）在盐场利用太阳能蒸发海水生产而来。人们在盐场配置可以控制海水进入并流经蒸发湖或蒸发池的设施，设置固定的参数，利用太阳能将其蒸发浓缩。在可控的条件下，在指定的地方加入氯化钠，即所谓的结晶器。

盐提取工艺中的收获过程

盐场一般由蒸发湖、浓缩湖、盐水罐和结晶器构成。为了获取一个恰当的理论配比，应该每平方米设置结晶器，每十平方米设置蒸发区域，否则，就会缺少足够的水（饱和盐水）流至结晶器。盐除了可以用在人们熟知的人类和动物食品中，其在医药和工业中的应用也极其广泛。

古巴谢戈德阿维拉省（Ciego de Ávila）有一处盐矿，名为蓬塔阿莱格里宝石盐矿（sal gema Punta Alegre），需要采用地下采矿技术。该矿藏的矿产资源预计会超过 220 亿 t，其中有 7.4 亿 t 已经具备开采条件。

【药泥】

图 44 药泥

药泥是一种天然产品，是经过有机物、黏土、海洋植物群和动物群物质浸解多年分解后，经过了一系列的地质作用形成的沉积物。药泥可以用来刺激皮肤，有利于取出尿酸，促进细胞再生。从化学角度来讲，药泥含有机体所需的盐分，能够刺激血液循环，帮助机体组织重建，因此经常被用于骨骼和肌肉疾病的康复中。目前，古巴关塔那摩（Guantánamo）、拉斯图纳斯（Las Tunas）、卡马圭（Camagüey）和马坦萨斯（Matanzas）的不同盐场均可以提取这种药泥。

【矿物质水】

图 45 矿物质水源

水中含有最重要的矿物资源，水是生命的源泉和动力。人们的用水不仅仅来自于水库和河流，根据提取方式不同，水还有两个其他的来源。如果是直接从自然界获取，可将水视为自然资源；如果需要通过技术手段或其他方式获取，如钻探等，则将水视为矿物资源。

在提取地下水之前，地质学家需要对地层进行调查研究，以确认地下含水层的位置。位置确定后，工程师可以用钻探的方式引入水管，然后将水泵送至地表。当水到达饮用水处理厂后，专家需要对水进行分析，验证其矿物和细菌成分。

当水中含有一定量的矿物质时，就将这种水称为“矿物质水”，其特征是：无论从化学还是微生物学角度来讲，矿物质水的原水质纯度较高，因其来自于地下，富含矿物质、微量元素及其他有益的成分。矿物质水一般是从自然矿化的新土中提取而来，当深度增加时，水的纯度也会相应增加。

根据所含的矿物质种类，一般将矿物质水分为弱矿水、弱—强矿水、酸性矿水、硫酸盐矿水、氯化物矿水、加钙矿水、含铁矿水、含镁矿水和含氟矿水。含有上述矿物质的水对人体非常有益，如钙、镁、钠和铁等。

完成矿物质水纯度特征鉴定后，将在装瓶厂进行包装，整个过程都是半自动的，尽可能减少人力的投入，防止造成污染。装瓶厂开始装瓶过程，在一定温度条件下将塑料制成瓶状，经吹制工序后，开始装水。这样就可以避免在运输或存储的过程中造成污染。

与其他任何一种矿物资源一样，水不是取之不尽的，所以一定要正确利用水资源。如果人们还想继续使用回收用水，就应该保证其处于良好的状态。

古巴国内天然矿泉水和天然碳酸矿泉水的主要生产商是古巴食品公司与雀巢的合资公司：洛丝波塔利斯公司（Los Portales S. A.）。该公司生产和营销谢戈蒙特罗（Ciego Montero）商业品牌的产品。古巴食品工业部（MINAL）、旅游部（MINTUR）、公共卫生部（MINSAP）和地矿盐业集团（GEOMINSAL）的公司负责开采和提取水源。

五、城市采矿

城市采矿是指回收、再循环和再利用通过有限材料(也称不可再生资源材料)生产的资源、废料和副产品,包括从矿物质水和建筑材料,到家用电器、信息和通信技术设备中含有的贵金属成分,当这些产品无法继续使用时,就会变成垃圾或被回收作为工业再加工的原材料。

这些资源主要来自于全世界的各个城市。城市采矿是唯一一种能够保护生态环境、实现可持续发展的方式。在欧洲,有一部分国家已经制定了目标,争取到 2030 年国家基本原材料中有 70%能够从城市采矿中获取。

举例来说,现在已经过时或者人们不再使用的信息和通信设备可以进行再加工以提取金属成分。以金为具体案例来看,相关的数据是足以令人震惊的,通常情况下,在一个金矿开采的 1 t 矿物中,提取金的含量大约为 5 g,而在 1 t 重的手机中,金的含量能够达到 150 g。

荷兰代尔夫特大学等几所高校有意开展这项工作,选取了最优秀的人才开展了一个未来宇宙采矿项目,当地球上的有限资源枯竭后,采用一种当代人们不了解的物质和城市采矿需要的平衡材料作为矿源。

最普通的案例有废弃的饮料和啤酒罐,可以利用这些废料来生产铝土

城市采矿原材料场

矿中的铝；利用废弃的瓶子提取硅砂中的玻璃成分；从废弃的钢材中提取铁矿里的铜。

古巴已经开始小规模地发展城市采矿业，从回收原材料开始，主要以废铁和非铁金属材料作为原料；骨料回收工作也稍有起色，用于生产道路和公路修复所需的沥青混合物。负责城市采矿活动的管理机构是工业部，通过其下属的原材料回收公司集团开展相关工作，包括全国范围内的 24 家公司、56 个矿场和 324 个营销点，以及 15 家非农业生产公司（CPNA）。

第五节　古巴镍矿开采过程

镍在地表以硫化矿和红土矿（氧化物）的形式存在。硫化矿中除了含有镍以外，也含有部分贵金属、铜、硫黄和铬（部分情况下），这种矿物一般通过地下采矿的方式开采。世界上几个主要的硫化矿位于俄罗斯和加拿大。而红土矿可以采用露天开采，含有镍、铁和钴等成分。红土矿比较丰富的几个主要国家是古巴、新喀里多尼亚（法国海外属地）、印度尼西亚和菲律宾。而澳大利亚则拥有这两种矿物的丰富储量。

在海底可以发现含镍和钴的结核，称为海洋结核，但是相应的开采工作还没有展开。海底的储量估计是陆地储量的几倍。

镍主要用于生产不锈钢和特殊合金。不锈钢产品的应用为人们的日常生活带来不断的革新和可持续发展，目前已知的用途已达 30 多万个，包括用于卫生、通信、运输、清洁能源以及食品工业等。

古巴的镍矿工业出现于 1943 年，由美国自由港硫黄公司（Freeport Sulphur）将第一个工厂建立在鸟语半岛（Lengua de Pájaro）（尼卡罗 Nicaro）。该公司在 20 世纪 30 年代末取得了古巴东北部地区奥古哈尔（Ocujal）和玛雅里的比纳莱斯（Pinares de Mayarí）现存红土矿藏的开发权。在之后的第二次世界大战期间，因美国军工业需要大量的镍，该公司获得了美国政府的资助。1947 年，镍的需求量减少，尼卡罗（Nicaro）的工厂关闭。到了 1950 年，美国的军工业又开始需要大量的镍矿，又重新开始了在古巴的生产活动。1951 年,该公司与尼卡罗镍加工公司达成协议,1952 年重新开始工厂的运营,同时工厂申请了信贷,得以提高生产能力。

1956 年底,莫阿市开始了第二个镍工厂的施工,投资商就是自由港硫黄公司和尼卡罗镍业公司。项目的承包商是弗雷德里克斯纳尔公司(Frederick Snare Co.),工厂的运营由莫阿湾矿业公司(Moa Bay Mining Co.)负责。

这两个工厂在 1959 年收归古巴国有,因为原所有人不同意按照古巴法律的规定纳税。采用新技术建成的莫阿工厂被原所有人停运废弃。但是,在德梅特里奥·普雷西利亚·洛佩斯(Demetrio Presilla López)(详见附件2)带领的一小组古巴技术人员的努力和苏联(URSS)的帮助下,莫阿工厂得以重新运营,且在很短的时间内就达到了更高的生产水平。

1972 年 12 月与苏联(URSS)签订协议后,菲德尔于 1973 年 2 月 15 日对采矿区域进行视察,借机制定了古巴东北部地区的发展规划。规划中包括恢复使用尼卡罗(Nicaro)雷内·拉莫斯·拉图(René Ramos Latour)司令工厂和莫阿佩德罗·索托·阿尔巴(Pedro Sotto Alba de Moa)司令工厂,以及新建一个镍生产厂,即项目 304,也就是今天位于莫阿省(Moa)蓬塔格尔达(Punta Gorda)镇的埃内斯托·切·格瓦拉(Ernesto Che Guevara)司令公司。

自 1973 年起,古巴的镍矿工业逐渐发展起来。1980 年已经创建了多个工厂。1986 年,上述埃内斯托·切·格瓦拉(Ernesto Che Guevara)司令公司投入运营,后来成立了拥有约 1.5 万名工人的古巴镍业集团(CUBANÍQUEL),开始了生产活动。

20 世纪 90 年代,古巴失去了最主要的进出口市场。但是,国家领导人仍然决定配置资源发展镍矿现代化工业,佩德罗·索托·阿尔巴(Pedro Sotto Alba)工厂与加拿大谢里特(Sherritt)公司的合作促进了该行业 1995 年以后的复兴和发展,后来年生产能力超过了 7 万 t;尼卡罗(Nicaro)拉莫斯·拉图(Ramos Latour)工厂直到 2012 年才停运(详见附件 5)。由此,古巴成为世界上镍和钴产量最大的十个国家之一。

两个生产厂和雷内·拉莫斯·拉图(René Ramos Latour)工厂不再使用的矿物可以用作镍铁合金生产的原材料。关于古巴镍铁合金的生产,目前推测用于镍铁合金项目的储备层可以再维持60余年的开采活动。

第六节　古巴镍业生产过程

古巴镍业采用碳酸铵技术(国际上称为氨浸工艺)和高压酸技术(也称加压酸浸(PAL))来生产镍。

1943年,尼卡罗镍工厂设计并采用了碳酸铵技术,该工厂即如今的雷内·拉莫斯·拉图(René Ramos Latour)工厂,为了纪念这位古巴采矿业伟大的领袖和烈士而以其名字命名。1958年,莫阿镍工厂完工,采用了同为美国设计的高压酸技术,古巴革命胜利后为纪念起义军为夺回莫阿牺牲的烈士,该工厂更名为佩德罗·索托·阿尔巴(Pedro Sotto Alba)工厂。1986年,埃内斯托·切·格瓦拉(Ernesto Che Guevara)司令公司建成,与苏联(URSS)合作,也设计并采用了酸浸工艺。

一、埃内斯托·切·格瓦拉司令公司的酸浸技术工艺

古巴的镍矿为红土矿,含铁量很高,因此也被称为铁矿石。采用以下方式进行开采:根据母岩,即橄榄岩的成分,加入六分之一至三分之一由侵蚀作用形成的软褐铁矿/蛇纹岩。

软褐铁矿和蛇纹岩的混合过程第一步是筛选,将坚硬的蛇纹岩剔除。之后将块度小于150 mm的石块破碎,烘干,使水分从36%降至4%~5%。烘干后的石块也要进行干燥筛分或剥离,将块度大于8 mm的坚硬岩石分离出来,将剩余的材料在干燥的环境下研磨,直到80%的颗粒粒径小于74 μm,这样可以最大限度地浓缩镍和钴氧化物中的金属镍和钴,大约能够分别达到80%和60%(该参数为参考值)。

浓缩过程在几个配备17个炉灶的炉中进行,高度42 m,有10个不完全燃烧的炉膛,3%的燃油,加热材料至700~750 ℃,将镍氧化物浓缩成金属

埃内斯托·切·格瓦拉(Ernesto Che Guevara)司令公司

镍。另向矿物中加入2%～3%的燃油,使镍和钴的浓缩更加完全。浓缩后的灰分或煅烧物在一个通道中与氨溶液或碳酸铵溶液混合,然后每吨矿物与140～160 m^3 空气进行氧化作用,在反应堆即涡轮增氧机中浓缩,镍和钴在反应堆中溶解,形成一种可溶于氨的镍和钴碳酸盐—氢氧化合物。铁和其他杂质被氧化后形成具有不溶性的铁化合物(浸析作用)。

沉淀过程在直径50 m的8个搅拌罐中进行,时间为6～8 h,然后逆流冲洗,使得镍和钴液体和固态铁化合物共同形成的浆液流入每一个沉淀池中。最后,向沉淀池中加水,倒数第二个是加入碳酸铵溶液(新鲜溶液),以补充厂中无法专门回收的氨和二氧化碳。

加入水和新鲜氨液的目的也是为了冲洗镍和钴氨液中的固态物质,这样在第一个沉淀池中能够产生含有10 g/L镍和0.4 g/L钴的氨液。而在最后一个沉淀池中,产生的浆液中含有57%的固态铁化合物(废料),其中只含0.08～0.15 g/L镍和0.01 g/L钴。该产物无法进行回收利用,将其蒸馏过滤后运至弃渣场。

在经蒸馏之前,镍和钴的溶液首先通过钴加工厂,经过四个镍和钴硫化物种子反应器沉淀出90%的钴和10%的镍。随后通过一个管式反应器,通入硫氢化铵，沉淀出剩余溶液中大部分金属钴。

浆液与第二个冲洗沉淀池中的氨液混合，通过三个种子反应器和一个管式反应器，在管式反应器中完成沉淀，之后再到另一个设备中继续沉淀、过滤并烘干，直到水分降至3%，即可包装成一种含20%镍和10%钴的硫化物，作为最终产品出厂。

生成的溶液或氨液含有极少量的钴和废料，将其通入几个蒸馏塔或蒸馏器中，以回收氨和二氧化碳。这样，2 atm 的蒸气中的氨气和二氧化碳进入四个吸收系统，在系统中补充250 g/L 的氨液和二氧化碳，以及热电厂及索托·阿尔巴(Sotto Alba)厂的燃气。从该系统可以得到新鲜的氨液，然后再通入倒数第二个冲洗沉淀池中。

此外，在氨液的蒸馏过程中，镍和钴的碳酸盐—氢氧化物溶液成分与氨液反应会变得更加复杂，溶液分解后释放出氨，之后形成一种由镍和钴的碳酸盐—氢氧化物溶液加水构成的不溶性盐。

仅含2%固态成分的镍碳酸盐—氢氧化物浆液继续通入碳酸盐沉淀池中，沉淀池中会产生一种硫酸铵溶液，将其通入管式反应器，加入硫氢化铵来还原镍，获得一种含32%镍和0.4%钴的硫化镍，然后将其沉淀、过滤并烘干，直到水分降至3%。随后即可包装出厂。

含有15%～20%固态物质的浆液经真空盘过滤，产出的含有60%水分的固态物质通入50 m长、直径3 m的回转煅烧炉，在炉中烘干并使镍碳酸盐—氢氧化物分解形成镍氧化物，加入无烟煤混合后用于烧结镍矿，可以将其含量从76%提高至90%；这种产品属于烧结氧化物，80%的产物可以直接包装出厂。

在蒸馏废料的过程中，会产生含铁量45%的废液；在蒸馏氨液的过程中，会产生含低氨及其他无机盐的废液，这些废液直接运至弃渣场。

为保证加工工艺的进展，公司配备了一个饮用水处理厂，日处理能力可达5万 m^3。同时，公司还拥有新世界(Nuevo Mundo)大坝的分流坝，同样可以向居民区和索托·阿尔巴(Sotto Alba)工厂输水。此外，公司还拥有一个蒸发量300 t/h、40 atm 的火电厂，配有三台汽轮发电机，其中，两台为

12 MW，一台为 25 MW。汽轮发电机可以产生 10 atm 的蒸气供给上述工艺使用，其中，2 atm 用于蒸馏器内氨液和废液的蒸馏过程。莫阿港口公司负责供应氨、原油、燃油和柴油，它们有这些产品的供应渠道。

综上所述，在工厂中利用褐铁矿和蛇纹岩较软的部分，能够获得含镍量约 90%的烧结镍产物，即主要产物。同时，在燃气收集和净化的过程中，还能生产出含镍量约 86%的冶金粉末和与索托·阿尔巴—莫阿镍（Sotto Alba-Moanickel）厂成分比例不同的硫化镍、硫化钴，含约 20%的镍、10%的钴以及少量的镍粉，可以用于化工产业。

二、佩德罗·索托·阿尔巴—莫阿镍业合资公司的加压酸浸(PAL)技术工艺

该工厂对褐铁矿进行选择性处理，首先，褐铁矿进入用于准备浆液的选矿设备厂，进行筛选后，通过初级振动筛，分离出块度大于 12 mm 的粗粒。在双螺旋筛分机中，采用湿法洗涤从浆液中筛选出矿石。随后，通过两个二级振动筛，产出的浆液中含有 25%的固态物质及 85%的块度小于 44 μm 的颗粒物，剔除块度大于 0.8 mm 的蛇纹岩颗粒后，将其通入圆鼓洗涤机，即可回收部分矿物。

佩德罗·索托·阿尔巴—莫阿镍业合资公司

产出的浆液运至 4 km 以外的五个直径 100 m 的浓缩器和一个直径

45 m 的辅助浓缩器，在该设备中将浆液浓缩，使其固态物质含量达到 45%。向浆液中添加一种硫酸亚铁盐作为添加剂，将压力从 150 Pa 降至 90 Pa。之后将浆液泵送至酸浸厂，储存并预热到 75 ℃，然后采用德国沃斯（Wirth）高压泵，通过 40 atm 的压力将浆液泵送至加热塔。在加热塔中浆液的温度达到 246 ℃，可以进入帕丘卡（Pachuca）高压釜中开始酸浸工艺。高压釜高 16 m，直径 3 m，外层由锑铅、抗酸砖和煤炭构成，以保护厚度为 70 mm 的钢体。

固态成分含量约 39%的浆液要在四个连续的高压釜中进行酸浸，总用时为 90～100 min，90%的镍和钴会通过硫酸溶液，同时需补充纯度为 99%、重量为矿物重量 25%～30%的硫酸。高压釜通过加热塔 45 atm 的蒸气进行加热，然后用 4 t/h 的蒸气搅拌，通过一根直径 0.406 m 的中心管和高压釜钢体的其他部分形成一个椭圆形的漩涡。高压釜内的蒸气会再循环至加热塔。

从最后一个高压釜（反应器 D）中产出的浆液将通过两个管式冷却器，将其温度冷却至 120 ℃，然后送至几个陶瓷扼流圈，通过一个与声速相当的速度，把浆液的压力降低至 1 atm 后进入两个瞬时释压罐中。通过释压罐，将浆液注入一个密封的线路运输系统，将其运至冲洗厂。1 atm 压力的气体或蒸气将通过几个蒸气分离器，将其中夹带的矿物质浆液残渣去除，然后送至中和厂产物——氨液的预热器，以便之后将其泵送到镍和钴硫化物的沉淀池。

在冲洗厂进行浆液的冲洗（留出多余部分）。在十个沉淀罐或沉淀池中将赤铁矿沉淀出来，在最后一个沉淀罐加入水和弃渣场多余的氨液。最后一个沉淀罐底部的浆液是废料，直接运至弃渣场。从第一个沉淀罐产出的未加工氨液输送至用硫化氢还原铅和铁的中和厂，采用莫阿湾开采的珊瑚粉砂来中和硫酸（20 g/L）。这些粉砂含有 90%的碳酸钙，将其筛选、分级和沉淀成固态成分含量 35%的浆液后，泵送至中和厂。

利用这种碳酸钙浆液在四个传统的反应器中进行中和反应，直到 pH 值达到 2.4。将这种浆液沉淀后用来分离氨液产物中的硫酸钙或石膏，然后预热准备酸浸，并泵送到硫化物沉淀厂。石膏浆液将通过一个酸浸分配系统，运送至冲洗厂，以回收混入其中的氨液里的镍成分，其余部分与铁废液共同处理。

在硫化物沉淀厂中，主要是在焚烧炉中利用液化气(LPG)生产氢，即利用液态硫黄在一个反应器中生产硫化氢，以及在四个水平的高压釜中利用三个机械搅拌器沉淀镍和钴。产出的浆液压力达到 10 atm，输送到一个瞬时释压器中分离出浆液里的氢气。剩余的浆液注入带有气体回收系统的沉淀池中，然后进入一个吸收塔，以还原硫化钠的形式回收气体。

释压后的气体进入一个分离器或除湿器中，去除水分后再循环至高压釜。含有硫化氢气体的水进入冲洗厂的一个管式反应器系统中，在流经六号沉淀池后，与浆液汇合并与硫化氢反应生成一种硫酸亚铁盐，这种盐稍后送至浓缩器作为添加剂。浆液流经七号浓缩器后直接运至上述弃渣场。

沉淀后形成的硫化物浆液运至硫酸厂，浆液经特殊搅拌(类似混凝土搅拌机)处理后送至冲洗和干燥系统，直到固态物质含量降至 14%～17%。此时的浆液中硫化镍含镍 50%，干钴含量 5%。然后即可用 1 t 的包装袋(大袋)进行包装，用船运到加拿大的镍和钴提炼厂，用于生产镍和钴的坯料。

硫化物沉淀池中剩余的氨液废料量非常大(2.5 万 m^3/d)，且其中硫化氢、硫化物和污染金属含量很高，目前都将其运至海湾。目前正在开展一个可以将这种氨液与铁废料混合后运输至 250 m 处海底的项目。

为实现这一工艺，工厂配备了带有四个锅炉的热电厂，可以生产 330 t/h 45 atm 的蒸气，还配有 2 个 15 MW 的涡轮发电机，两套制酸设备，每天可以生产 1200 t 硫酸和 60 t/h 45 atm 的蒸气。还新建了一个制酸厂，每天能够生产 2000 t 硫酸，配备的回收锅炉可以生产 120 t/h 45 atm 的蒸气。公司拥有一个水库，可以为 A 厂的加工工艺提供处理后的水，为 B 厂提供锅炉用的软化水。

综上所述，对于佩德罗·索托·阿尔巴—莫阿镍业合资公司来说，只能选用红土矿上部的褐铁矿。通过这种生产工艺，可以提取出硫化镍和硫化钴，镍浓度约为 50%，钴为 5%。唯一的用途就是为提炼厂提取金属镍和钴提供相应产品。尽管项目初期计划是将产品运至美国路易斯安那州(Luisiana),但目前产品主要还是供应给加拿大的一个提炼厂。

三、古巴镍业集团镍铁生产工艺

世界范围内的镍铁生产厂与古巴一样都是利用红土矿进行生产,最终产品的含镍量也不尽相同。对于镍铁生产的原材料,在古巴还存在一些没有用氨浸和加压酸浸技术提取的矿物。日本和印度尼西亚的生产商生产的镍铁含镍量在16%～28%之间;而拉丁美洲国家生产的镍铁含镍量能够达到30%～39%,委内瑞拉的洛马(Loma)镍矿山除外,其产品含镍量为20%～25%。

生产镍铁首先应注意的是任何一种矿物在达到给定的任意等级前都不得熔化。根据古巴矿物的研究报告,古巴的项目可以生产等级为33%的镍铁。该种材料的生产可以采用不同类型的技术工艺,特别是生成的镍铁粉的加工方式,均有不同的选择。有的公司将镍铁粉汇聚成块,而有的公司则是将镍铁粉与矿物混合。

镍铁生产的技术工艺主要包括以下几个阶段:

(一) 矿物准备

含有水分的矿物(水分含量26%～32%),其中所含的岩石尺寸不超过600 mm,从矿场开采后,用载重汽车运至粗碎区,将岩石尺寸降至250 mm以下。随后,利用一个“搅拌桶”将粉碎后的矿物运至一个拌和系统,并加入初步还原煅烧过程中产生的矿粉,将含水量降至22%。

拌和后,矿物将通过一个筛分系统将尺寸大于80 mm的颗粒分离开来。这些大颗粒需要进行破碎后再与其他料仓中的矿物混合。之后,矿物被运至干燥区,采用旋转式干燥器处理,将含水量降至20%以下。卸料后,需要再通过另一个筛分系统,将尺寸大于30 mm的颗粒分离开来,采用其他破碎系统进行处理。

(二) 初步还原煅烧

完成破碎的最后一个阶段后,矿物通过传送带运输至煅烧炉,加入烟煤作为还原剂，然后采用两个煅烧炉（窑炉）进行煅烧还原，生成煅烧矿物（煅烧物），温度应在 850～900 ℃，然后用密封的集装箱将材料卸下。在干燥和煅烧的过程中，均采用烟煤作为燃料。

（三）熔铸

将集装箱里的煅烧物卸到九个料斗中，料斗位于含三个碳糊电极的两个苏德伯格（Soedeberg）交流熔炉上。这些料斗可以将滚烫的煅烧物分散到熔炉中。煅烧物在熔炉内的熔铸温度为 1600 ℃，在这个温度下，镍铁会与其他熔铸煅烧物（炉渣）分离，每隔一定时间应将熔炉排空。每次排空熔炉时，需用高压水将炉渣冲成颗粒状，排除后弃置在指定地点。

从熔炉中排出的镍铁（粗镍铁）含有一定量的杂质，如硅、碳和硫等，将其排放至托盘中。在卸料过程中，通过一个气筒注入高压氧气，同时通过另一个安装在托盘底部的装置通入氮气。氮气的功能是作为搅拌剂，使氧气可以氧化粗镍铁中的部分杂质。

（四）提炼

装有镍铁半提炼产品的托盘运送至提炼区，开始最后一道工序。提炼工艺采用两个锅式提炼炉，带有三个石墨电极。在提炼炉中加入适量的化学试剂，如铝和硅铁等，可以减少产品中的杂质。提炼后的炉渣中含有一定量的镍，之后可以通过专门的设施回收。

提炼好的镍铁需要进行造粒，将托盘底部的镍铁倒入装满水的罐中。然后通过气力输送到一个分离器中，将所有的水分去除，然后用烘干机烘干。

烘干后的镍铁需要分类，尺寸大于 6 mm 且小于 32 mm 的镍铁颗粒可以作为最终产品。粒径不属于该范围的颗粒需要重新提炼。

（五）最终产品

提炼好的镍铁（最终产品）约含镍 33%（图 46），将其存入料仓。随后用大袋（增强聚乙烯袋）包装，装入集装箱后从莫阿港口运至最终目的地。

图 46　镍铁样品(采用莫阿项目的矿物产品制造而成)

第七节　古巴红土矿铁生产过程

古巴矿业的铁生产开始于 20 世纪初,当时伯利恒钢铁公司(Bethlehem Steel Corporation)在玛雅里(Mayarí)从古巴的红土矿(同生产镍的红土矿)中生产出了铜,该过程的第一个阶段是在玛雅里(Mayarí)菲尔顿(Felton)建立了工厂。该公司利用旗下位于美国宾夕法尼亚州(Pensylvania)的设施完成了铜的加工过程。

铁矿物是生产铸铁和钢材的主要原材料。最重要的铁矿包括:

——磁铁矿:黑色矿物,是所有矿物质中含铁比例最高的矿物。古巴圣地亚哥(Santiago de Cuba)以东的区域有一处矿藏,也就是比较著名的代基里(Daiquirí)。

——赤铁矿:含铁量约 70%,颜色各异,从黑色到砖红色不等。

——褐铁矿:与赤铁矿类似的褐色铁矿。当将其烘干时,褐铁矿会变得很像赤铁矿。主要位于古巴镍业集团(CUBANÍQUEL)在奥尔金省(Holguín)的莫阿(Moa)、尼卡罗(Nicaro)和玛雅里(Mayarí)矿区,以及卡马圭省(Camagüey)的圣费利佩(San Felipe)矿区。

费尔顿(Felton)的工厂(从玛雅里比纳莱斯的红土矿中
生产铁矿结核的工厂,1923 年)

尽管从古巴红土矿中提取的镍含量较低,约 1.5%,但铁的含量却高达 50%左右。在镍矿开采过程中,矿石中含有的所有铁和其他元素都作为废料被弃置。而这些废料可以作为传统工艺或非传统工艺生产铸铁的原材料。但是在古巴,因为能源资源有限,铸铁的生产也十分受限,特别是缺乏一种如焦煤之类的还原剂。

1966 年 8 月 26 日,菲德尔·卡斯特罗·鲁斯在莫阿的演讲中提出:“革命的目的是全面地发展采矿业,并进一步探索这些矿物资源的用途……生产或进口铁;如果铁的发展最初需要很多设施,那么我们可以进口铁,在钢材生产的设施上增加投资。包括铁的利用。”[①]标志着铁生产的时代已经来临,因为古巴的金属产业已经无法满足钢材生产的需求。

尽管古巴非常了解铸铁的生产方法,但以古巴目前的能源条件,只能在高炉或电炉(HE)中通过初级熔铸过程来生产铸铁。如果采用电路熔铸,还需加入废铁。这是制造铸铁或钢材的第一步。

所有的这些低品位铁矿石,在经过浓缩过程后可以去除大部分杂质,铁

① 可查询网址:www.cuba.cu/gobierno/discursos/1966/esp/f260866e.html.

浓度就会升高。将原矿石粉碎直到变成粉末状，通过磁选机后可以将铁含量提高到60%左右。然后可以加入黏合剂（如膨润土等）形成小铁球。在下一阶段，用煤粉将铁球覆盖，然后进行烧结。

需要用碳来提高该工艺的温度（超过1000 ℃），碳除了能够提供热量之外，也可以作为铁矿物的还原剂，并且碳燃烧生成的一氧化碳可以减少铁中的氧气。一般采用石灰石作为助熔剂，燃烧后与矿物中的杂质（硅和硫）混合形成炉渣。

铸铁不适合在大部分商业工厂生产，但可以在钢包炉①中重熔。

目前，古巴的钢材工业主要分布在两个地理极点：哈瓦那（La Habana）和拉斯图纳斯（Las Tunas），均配备了利用废铁生产钢材的技术和设备。

第八节　关于古巴采矿专业人员的培养

古巴与采矿相关的专业基本都是工程类专业，如地球物理、地质学、采矿和冶金学等。1959年，古巴决定采取一系列的措施对高等教育进行一次改革。

上述的古巴采矿业教育改革于1962年开始，首先在哈瓦那大学（UH）科学学院创建了地质学系，开办了地质学本科学位；并将古巴圣地亚哥（Santiago de Cuba）东方大学（UO）技术学院的采矿工程系更改为采矿和冶金工程系，在工程师安东尼奥·卡尔瓦切·多拉多（Antonio Calvache Dorado）的指导下，开设了采矿、冶金和地质工程专业。

对于古巴来说，这是全新的专业，只有极少数的从国外主要是苏联、捷克斯洛伐克和波兰学成归来的古巴专业人士，所以急需向国外的科学家寻求帮助。正如高等院校最高理事会所述，改革的基础并不意味着“一个一成不变的结果，而是要发挥一种能动作用，是一个不断适应和调整的过程，是一次不断创新和超越的运动”。

---

① 一种电炉，可以调整金属中碳的比例。

切·格瓦拉在哈瓦那革命广场与将要去苏联学习采矿课程的学生们交谈

在上述原则的基础上，随后哈瓦那大学技术学院又开设了地球物理工程专业。1964年，东方大学提出在莫阿(Moa)和尼卡罗(Nicaro)实施校外计划，为其后期在高等教育普及的过程中设立众多教学单位和分校提供了宝贵的经验。

1965年，为了统一教育力量和资源，古巴将地质学专业统一到东方大学，哈瓦那大学地质学专业本科大四的学生仍然留在哈瓦那大学，而其他年级的学生全部转移到东方大学。这样就撤销了采矿和冶金系的地质工程专业，而在东方大学技术学院成立了地质工程学系。1966年，哈瓦那大学的第一批地质学本科生和东方大学的第一批地质学和采矿学工程师顺利毕业。

70年代初，哈瓦那大学技术学院地球物理工程系和东方大学技术学院地质工程与采矿和冶金工程系共同创办了位于马坦安布雷(Matahambre)采矿分校。1974年，东方大学在莫阿(Moa)校区开设了冶金采矿专业。1975年，开设了冶金工程专业课。1976年，根据1975年12月古巴共产党(PCC)首届代表大会达成的协议，开始进行高等教育体制改革，将莫阿(Moa)分校改成了莫阿冶金矿业高等学院(ISMMM)，现在是以安东尼奥·努涅斯·希门尼斯博士(Dr. Antonio Núñez Jiménez)的名字来命名的。

高等教育体制的改革仅仅在14年里就取得了过去一个世纪都没能实现的成就:创办了一所主要教学就是采矿业的专业大学,作为教学—科研—生产的综合机构,成为国家采矿业和冶金业发展的核心,与镍研究中心和当地的相关企业共同合作。学校高层委员会根据1962年教育改革的基本原则,坚持以增强集体意识和学习能力并立志服务于祖国和世界为办学理念。

莫阿冶金矿业高等学院(ISMMM)

在那个时期,马坦安布雷(Matahambre)采矿分校及其采矿工程和冶金工程专业转由比那尔德里奥大学(Universidad de Pinar del Río)接管。80年代初,因为采矿工程专业缺少教师和实验室,所以将其迁至莫阿冶金矿业高等学院(ISMMM)。后来这个分校被撤销,地质工程学专业分配到了比那尔德里奥(Pinar del Río)和莫阿(Moa)。

也是在80年代,何塞·安东尼奥·埃切韦里亚理工学院(CUJAE)和莫阿冶金矿业高等学院(ISMMM)开设了地球物理工程学,1985—1986学年学科改革后进行了第一次课程统一,课程的涉及领域更加广泛。直到近几年,该专业取消后在首都重新开设。从1976年开始,莫阿冶金矿业高等学院(ISMMM)开设了冶金工程学,在1991年也将其纳入了何塞·安东尼奥·埃切韦里亚理工学院(CUJAE)机械学院,并在安得列斯钢厂开办了一个教学机构。

至于地质工程和冶金工程学，根据所在的地区，办理入学手续分到两个教育中心。随着这两个学科的完善和教育改革的提出，逐渐开创了研究生、调研和大学推广的教育体系。自古巴革命胜利以来，古巴政府领导开展了所有开采、地质勘探和地图绘制以及古巴矿产资源的开发工作，古巴的经济开始发展起来。

第九节　古巴采矿业轶事

——克里斯托弗·哥伦布(Cristóbal Colón)，当他在1492年对古巴产生兴趣想要寻找黄金时，他找到的其实是红土矿，是铁矿石(Fe)而不是镍矿(Ni)，镍含量不到3%，而铁含量却达到了50%。

——古巴革命胜利后，古巴沿用的《矿业法》是西班牙法，自1883年开始在古巴施行。

——自1943年起，雷内·拉莫斯·拉图(René Ramos Latour)司令工厂采用的技术工艺的设计者——科学家马蒂诺斯·亨得利库·卡伦(Matinos Hendrikus Caron)，曾在荷兰代尔夫(Delf)学院学习。现在，该学院培养的主要人才都在进行宇宙采矿项目的研究工作。

——鸟语半岛(Lengua de Pájaro)的别名尼卡罗(Nicaro)，取自镍的符号——Ni和设计该技术的荷兰博士卡伦的姓，但是错误地写在一起。另外，还有一处错误是米拉卡(Mícara)山，当时研究该区域的美国公司绘制的一张地图上写错了这个地名。

——1959年以后，第一批到达古巴的专家顾问是捷克斯洛伐克人，并非俄罗斯人。

——莫阿是孩子们最早接触采矿业的古巴城市，在幼儿园就有小矿工。

——莫阿的镍可以“说话”，因为其径向的分布方式称为“镍之声”。

——俄罗斯地质专家每年的工作分为现场工作8个月、实验室3个月和1个月休假。

——在古巴，通常将生产镍的公司称为“场站”而不是“工厂”；而实际上，每一个生产公司都有多个生产场站和辅助场站设施。

——古巴镍业集团的名称 CUBANÍQUEL 不是来自于采矿业，而是来自外贸部(MINCEX)。是古巴出口公司(CUBAEXPORT)的一个部门发展成矿产和金属出口公司时，由卡洛斯·拉斐尔·罗德里格斯博士(Dr. Carlos Rafael Rodríguez)提议的名称。

——比那尔德里奥(Pinar del Río)的耶罗·曼图阿(Hierro Mantua)矿藏，并不是铁矿，而是铜矿。

——古巴具有最重要意义的采矿计划是由切·格瓦拉批准的。采矿工人每个月可以获得一份含有 15 罐炼奶、两磅奶酪、四块香皂和鳕鱼或沙丁鱼的福利。

——70 年代，古巴发起了一场全民采矿活动，即人们可以将潜在的矿物或岩石拿到当地政府做矿物学鉴定。

——1953 年，谢里特(Sherritt)将红土矿提炼加压酸浸技术(PAL)的专利卖给了自由港(Freeport)，因为其不同意投资莫阿湾项目，即之后的莫阿佩德罗·索托·阿尔巴司令公司(Comandante Pedro Sotto Alba de Moa)；41 年后，成立了谢里特：莫阿镍业合资公司(Sherritt：Moanickel S. A.)。

——被称为古巴矿业之父、古巴共和国的劳动英雄德梅特里奥·普雷西利亚·洛佩斯(Demetrio Presilla López)(详见附件 2)，也是一位药剂师。

——马那瓜的膨润土矿藏是在偶然的情况下发现的，当时的降雨使地面裂开，溅出的黏土刚好被几个地质学家碰到。

——古巴目前拥有采矿许可最多的政府部门是建设部，而不是大多数人所认为的能源和矿产部。

——城市采矿是指通过城市产生的废弃物品回收来实现的采矿活动。城市采矿的潜力是无可限量的。举例来说，1 t 的手机中就含有 150 g 的黄金，而 1 t 开采出的矿石中的黄金含量只有 5 g 左右。

——古巴现有三个城市和七个村庄的名称与采矿业相关。三个城市为：卡马圭省(Camagüey)的米纳斯(Minas)，比那尔德里奥省(Pinar del

Río)的米纳斯德马坦安布雷(Minas de Matahambre)和西恩富戈斯省(Cienfuegos)的拉哈斯(Lajas)。七个村庄为:米纳斯德瓜纳瓦科阿市(Minas de Guanabacoa)的同名村;比亚克拉拉省(Villa Clara)大萨瓜市(Sagua la Grade)的米纳斯莫特波(Minas de Motembo),属于古巴已知的第一批粗汽油和天然气矿场;圣斯皮里图斯省(Sancti Spíritus)卡瓦伊关(Cabaiguán)的拉斯米纳斯(Las Minas),也是碳氢化合物矿场;古巴圣地亚哥(Santiago de Cuba)的埃尔科夫雷(El Cobre);青年岛特区(Isla de la Juventud)的拉斯米纳斯(Las Minas);格拉玛(Granma)巴托洛梅马索(Bartolomé Masó)的米纳斯德弗里奥(Minas de frío);格拉玛(Granma)布埃伊阿里瓦(Buey Arriba)的布埃伊阿里瓦米纳斯(Minas de Buey Arriba)。

第二章 法律框架及采矿政策

第一节 古巴共产党(PCC)制定的矿业政策指南

根据2016年4月16～19日召开的古巴共产党第七次代表大会通过的《党和革命经济和社会政策指南》,确定了2016—2020五年与采矿业直接相关的七项政策指南。

158. 支持和开展综合性调研工作,以保护、维持和恢复自然环境,评估极端事件对经济和社会造成的影响,调整环境政策以适应经济和社会领域的规划。开展有利于保护、恢复及合理利用矿物资源的项目。加强环境教育,将环境教育普及到社会的各行各业。

179. 重点关注现存和规划工业发展对环境造成的影响,特别是化工产业;石油业和矿产业,特别是镍;水泥和建筑材料产业;以及在污染最严重的区域进行的产业活动,包括加强和完善控制和监督系统。

184. 通过提高生产量和产品种类、优化产品质量和降低生产成本来增加镍产业的市场占比,更高效地利用矿物资源。

185. 加快小型矿藏开采项目的进展,特别是金、铜、铬、铅和锌矿的生产。优先投资开发银矿。

187. 发展化工产业,优先发展塑料、氯、盐、肥料和轮胎的转型产业。提高国家的综合生产能力。深入研究更有效利用工业岩石和矿物生产矿业产品的方法。

189. 复兴并提高建筑材料的生产行业,保证国家优先投资项目的建设(旅游、住宅、工业等),增大出口和内销量。开发附加值更高、质量更好的产品。大幅度提高建筑材料地区生产的水平和种类,并普及行业标准。

191. 促进并加强再循环工艺，提高回收产品的附加值。优先考虑开发城市固体废弃物的潜力。

第二节　古巴矿业政策

第76号法律，即《矿业法》规定由原基础工业部(MINBAS)，现在的能源和矿产部(MINEM)，负责根据人民政府国民议会以及国务院和部长理事会提供的参考意见来制定矿业政策。于是国务院通过《2008年7月18日决议》，批准了现行的矿业政策，政策决定：

——根据形势的需要，提高国家的地质勘探能力，为国家经济的发展和出口提供原材料保障。

——鼓励、推动和协助采矿设备和技术的现代化和自动化发展，使生产的工艺更加洁净；遵守环境标准，降低成本，取得更高的能效指标，最大限度地开发和利用矿物资源。

——在采矿的各个阶段引入质量综合管理系统，重视分析实验室、调研中心和项目的资质，使生产的产品和提供的服务能够达到国际标准。

——将采矿特许权仅授予专业的采矿机构，有利于充分履行采矿业法律体系规定的有关开采选矿、矿物资源合理利用以及环境保护和税务的义务。

——由财政价格部对建筑材料的价格政策进行系统性的研究，鼓励并协助合理的出口和商业化营销。

——降低采矿业对环境造成的冲击，对已经造成的影响进行严格的监督和控制。制定并施行针对采矿业的专用环境战略。保证投入充分的资源及财政和组织机制，改善消极的环境因素，保证其不再恶化。批准并引入针对特许权投资人的培训机制，保证其履行环境保护的义务。

——继续推动矿物的开采，主要针对那些国家现存的，能够带来高收入并限制矿物进口的开采活动。

——发展以政府利益为中心的国家地质调查机构，不属于任何企业系统，从国家财政预算中出资。

——与物理规划研究院合作完善国家地质和矿业资产的土地管理条例，根据地方的需要具体施行。

——保证人力资本的培养和发展，确保采矿行业的工人能够完成出色的工作业绩，以及采矿活动中能够及时不断地引入合格的专家、技术人员和工人。

——鼓励采矿业与国际机构签署合作协议，为其开拓渠道并提供协调服务。

——推动和评估金、银、铜、铅、锌和其他金属和非金属矿物的地质勘探风险合同项目，并为矿物开采和加工提供其他的便利条件。

目前古巴正在更新矿业政策，以适应经济管理模式、宏观经济政策和当前的国家需求。现在已经完成了初步分析阶段。

矿业政策实施后，很多综合性的发展项目需要调整、终止或制定，涉及镍业（古巴镍业集团（CUBANÍQUEL））、金矿、金属矿物、非金属矿物（全部归地矿盐业集团所有）、盐（国家盐业公司和地矿盐业集团）、建筑材料（建筑材料产业公司集团）和矿物质水（食品工业部）等。

一个综合性的发展项目需要重点考虑以下几个方面：

（1）介绍选定的项目，包括其背景、直接相关的政策指南、行业政策和监管法律框架。

（2）项目的目的。

（3）对选定项目的现状分析，并提出项目建议。其中，除该项目的现状特征外，还应说明面临的问题以及针对提出的问题可能采用的解决方式或手段，包括预期的目标等。

（4）项目的范围：

——市场。

——矿物资源和储备的定义和评估(地质方面)。

——生产。

——维护。

——材料供应。

——投资(包括境外资本参与的商业投资机会)。

——调查—开发—创新(I+D+i)。

——生产链。

——人力资源。

——工业安全和环境保护。

——质量管理系统(工艺、产品和实验室)。

——财政经济成果。

——组织和行政方面。

——附件。

第三节　古巴采矿业法律框架概况

在古巴早期的矿业管理文件中,有一部18世纪颁发的采矿活动实施的《标准》。1811年8月12日,西班牙王国颁布了一道管理法令,将新西班牙(墨西哥)的采矿管理条例应用到古巴,即颁布了上述《标准》。随后,1883年10月10日,通过皇家法令,宣布1859年的《西班牙矿业法》和《基本法》在古巴生效。这两部法律后来都经过了相应的修正,但直到1995年1月23日古巴颁布第76号法律《矿业法》之后才被废除。

古巴革命胜利后的几年内,因为经济和社会发展需要进行深入的改革,所以批准的法令基本上都是关于将掌握在私人手中的矿场收归国有。就这样,采矿的私人权利逐渐取消,变为国有资产。在这个时期,一直到90年代,国家对采矿活动实施了垄断经营。

1990年,古巴采矿业重新向外资开放,于是就需要颁布法律条令来继续保证有效的国有控制成分。于是在十年间,国家批准了几部极其重要的法律:《环境法》、《外商投资法》、《税制法》和第76号法律《矿业法》等。

《矿业法》是古巴较为先进的管理法律,其中包括详细的环境保护条例,并规定了以下列举的其他方面:

——实施采矿经营体系必须坚持一个基本原则,即所有开采出的矿物资源均归国家所有。

——临时采矿权利只能授予具备法律、技术和财务能力且能够履行相关义务的单位。

——矿物资源的分类。

——采矿业的范围,包括勘探、地质调查、开采和矿物加工。

——成立了国家矿产资源办公室(ONRM),作为古巴共和国矿业主管机构。

——矿业开采应缴纳的具体赋税。

《矿业法条例》通过1997年9月16日第222条法令颁发,其中还作出了以下方面的规定:

——规定了申请采矿权利需提交的资料和办理的要求。

——在授予采矿权利之前,确定候选人的范围。

——技术和统计报告必须包含的内容。

——规定了国家检查的范围,确定了违规行为、采取的行政措施和执行程序。

液态和气态碳氢化合物不属于《矿业法》的实施范围,除了适用于这些资源的通用标准以外,还有各个管理部门颁发的技术文件。国家矿产资源办公室(ONRM)作为矿业主管机构,履行以下职责:

——采矿活动的整体监督和管控。

——矿物资源和矿物储备的批准、登记、证明和管理。

——起草与采矿权利授予、废除和注销有关的技术意见。

——批准矿业开采项目。

——办理矿产登记,并随时更新各采矿权利的记录。

——保管所有国家地质和矿产信息资料。

——对所有参与采矿的自然人或法人进行国家检查。

——对环境保护计划和缓解环境影响措施的实施进行管控。

2001年4月17日，部长理事会执行委员会的第3985号协议中增加了主管机构的职责，要求国家矿产资源办公室(ONRM)对液态和气态碳氢化合物矿产资源发挥类似的管理、监督和控制职能。法律还规定了导致矿场停用的各种因素，包括矿产资源枯竭、资源利用率过低和开采效率过低等。

矿场的恢复，是指当矿物开采活动完成后，必须恢复受影响的区域，尽可能将其恢复至开采前的面貌，或优于开采前的状况。根据《矿业法》和第81号法律《环境法》，这就意味着：

——必须重视开采前区域的状况和开工前当地生长的植被种类。

——尽量减少对土壤的异常操作，利用炸药爆破或装载机、挖掘机来避免形成阶梯式土壤。

——用表土回填并播种原生植被。

——如果开采活动是在地下，则应试图建造一个人工湖，保护采石场的坑洞，并根据其最终用途进行调整。

采矿区域生态修复前后

为了保证环境和谐发展，上述《环境法》规定了矿场的处理方式。《环境法》第八章关于矿物资源的内容规定了在古巴参与采矿业的自然人或法人应该遵循的若干准则：

——地质调查阶段必须取得相应的环境许可证书。

——开采和加工阶段必须持有环境许可证书和环境影响研究

报告。

——必须恢复因采矿活动破坏的区域，包括与被破坏区域相关、可能受到损害的地区和生态系统。

——遵守原基础工业部(MINBAS)的规定，管理和控制采矿活动，包括水和矿物泥的治理。

——管理矿产储备区域的一切事宜，但不能与法律规定的其他国家机关或机构的管理有所冲突。

第四节　古巴及采矿业外商投资法

全世界的矿产，特别是古巴矿产的发展需要大量的投资。这些投资不仅仅用于矿产项目、施工和矿物加工设备的运行，也要用于各种细致的研究工作，如研究将要开采的矿藏特征和矿藏今后的发展趋势等。

古巴的情况比较特殊，根据一份现有的银行可行性研究报告，古巴很难找到外商投资，因为报告中显示，古巴的大部分项目都需要巨额的资金。这些项目需要研究并确认矿藏的特征，进行钻井工作。并且在大部分情况下，需要提取具有代表性的样品，然后到试点场站进行试验，而这些试点场站一般都在国外。然后，需要编制一份详细的施工方案，并根据该施工方案提交可行性研究报告报批。

在这种情况下，对于研究水平很低的矿藏，一般各方会签署一份国际经济协会(AEI)的风险合同，如果研究结果是有利的，就可以成立一个合资公司。

如果某些矿藏的研究报告比较充分，且国家组织机构已经确认了可以采用的技术，就可以直接成立一个合资公司。

在古巴，古巴镍业集团(CUBANÍQUEL)负责镍矿产业。其他的矿产，包括金属和非金属矿物，除建筑材料以外，均由地矿盐业集团(GEOMINSAL)负责。实际上，镍业领域的资本投资在任何情况下都要远远高于其他产业，所以很难找到高层次且经验丰富的投资商。由于镍矿需要的投资金额太高，只能考虑大型企业。

第118号法律《外商投资法》第八章“外商投资谈判和批准”第21.1条的规定很重要：当外商投资不可再生自然资源的勘探或开采时，需由国务院而非部长理事会批准，国际经济协会（AEI）的合同除外，尽管这些合同归部长理事会管控。这是采矿业的基本规定，因为采矿的对象基本都是不可再生的矿物资源。

另外一个相关规定是，根据部长理事会的决议，自然资源，不论是可再生还是不可再生资源的开采可能会造成税率的提高。该条规定适用于采矿业，详见《外商投资法》第十二章“特殊税制”第36.4条。税率可能会提高50%，也就是说，可能会提高至22.5%，而不是正常最大值15%。

《外商投资法》第十二章第36.2条还规定，从合资公司或国际经济协会（AEI）合约签署之日起，免除八年的税费。对于大型投资，如镍业投资来说，这个时间根本不够，因为这些投资战略包括编制和提交可行性研究报告，并且根据古巴的条件，投资的期限一般不少于4～5年，所以在投资回收之前，享受免税政策的八年实际上就已经结束。根据这种情况，部长理事会可以利用特权考虑延长免税期限。

第五节　古巴采矿业精益理念

“Lean”（精益）是一个英文单词，代表精明、机智和干练。精益概念的基本含义是不要多余、不要浪费。这一理念提出的根据是很多项目的失败源于缺乏精准度，即出现了很多没有价值的浪费。精益理念有两大支柱：

（1）准时化：“以需要的数量，在需要的时间，生产需要的部件”。这是比较有名的一个支柱。

（2）自动化：“Jidoka（自动化）”是一个日文单词，本质含义是不能将任何一个缺陷带到下一步程序中，并减少人力的参与，利用机械进行生产。

精益理念由美国企业家约翰·舒客（John Shook）提出，现任精益企业研究院主席。当日本丰田公司还是国有企业时，他是公司第一个来自西方国家的管理人员。丰田公司施行精益理念后，迅速成为了世界上最大的汽车公司，通过文化和组织战略的综合视角，以高质量、低成本和准时交货的服务接待最终客户，在最终客户想要的时候，以最低的成本、合理的价格为其准确地生产出想要的产品。由最终客户来判定公司提供的服务或产品是否物有所值。决定引入该理念的公司领导层满怀承诺，在公司的组织经营战略中进行了文化改革。

此经营理念的重点在于，要及时去除一个公司里所有环节中的浪费，保证持续的优化过程。基本原则就是在满足客户的要求、达到其满意程度的前提下，减少需要的时间和去除生产系统中的浪费。什么是精益理念中的浪费？就是使用了资源却不能为过程或结果带来任何价值的活动，并据此定义了八大浪费的概念：

(1) 制造过多的浪费：是指制造过多或太早，大于客户的需求量。制造过多是很严重的浪费，因为制造过程看上去一切正常，所以很难提出措施改善这一状况。

(2) 动作浪费：是指所有不增加任何价值的人员、材料、设备和信息等浪费。

(3) 库存浪费：是指存储多于完成工作所需的最小量造成的浪费(如原材料、加工件、最终产品、客户订单)。材料的堆积，不论是在加工前还是加工后，都意味着生产流程并没有连续起来。

(4) 等待浪费：是指人员、系统或设施因其他工序进行而等待，或因信息堵塞或未作决策而等待造成的浪费。

(5) 加工过剩浪费：是指加工过程超过了客户需求的标准造成的浪费。

(6) 运输浪费：是指对不需要的材料进行搬运或操作造成的浪费。应将机械和生产线的距离缩短到最近，并且材料应能够从一个工作站流向下一个，无需排队等待。

(7) 修正浪费：是指任何维修或重新加工修正造成的浪费。这是工业生产中最容易接受的一种浪费，即使这种浪费意味着生产率的极大损失，因为这一过程包括了额外的工作，即去修正第一遍生产过程中没有正确加工的后果。

(8) 管理浪费：错误地利用时间和/或人才。

通过汽车产业的经验，这一理念很快就应用到了全世界各个领域，包括制造业、食品工业、航天航空、制药、消费品生产和卫生设施等。近几年，这一理念被引入到智利和秘鲁等国家。

在古巴，最先尝试引入这一理念的是谢里特公司(Compañía Sherrit)，具体是在佩德罗·索托·阿尔巴—莫阿镍业公司(Comandante Pedro Sotto Alba-Moanickel S. A.)施行。该公司在莫阿生产镍和钴硫化物的混合物，然后在加拿大提炼，到巴哈马营销。在加拿大专家和场站技术人员、工人和领导人的共同努力下，该公司的工作已经取得了一定的成果。

精益管理方法，特别是其文化理念的引入，可以改善公司的很多实质性的方面：生产率、成本、灵活性和人员参与程度等。研究结果显示，这一理念的引入与上述方面的改善息息相关，因为超过 80%引入精益理念的公司均获得了较高的收益。

以下介绍 2016 年 5 月 9～19 日，在佩德罗·索托·阿尔巴公司实施这一理念的经历。

参与人员：

——来自三个商务公司：本公司、谢里特公司和镍业通用公司(GNC)的五十名员工参与了实践活动。这是一次跨学科的多元文化活动。

——参与人员的职务和层次各不相同：包括场站操作人员、值班经理、机械师、生产队长、场站领导、矿车司机、技术员、信息技术负责人、库存盘点专家、物流代理、设备养护计划员和古巴及加拿大两个场站负责生产的领导。

——整个活动在六名精益管理方法专家的引导下进行。

组织方法：

——介绍潜在危险最大区域的一般和具体安全常识，如硫化物(H_2,H_2S)场站的复杂性等。

——就精益方法对参与人员进行培训，主要依据以下五项原则：

① 从最终客户的角度确认具体价值。

② 识别价值流，以提供配套服务。

③ 创建连续流服务。

④ 从客户端拉动服务。

⑤ 不断寻找完善措施。

——确定价值链的分布图。这是关键的基础流程。

——检查生产链，识别精益理念的八大浪费。

——采集数据和时间点。

——分成六个跨学科的多元文化团队，重点关注生产过程中的特定区域。分成四个专门的小组：生产能力分析小组、维修养护分析小组、供应链分析小组和信息技术分析小组。

——分析并将所有生产活动分类：增加价值、不增加价值和附带活动。

——找出并分析存在的问题和改进的机会。

——关注改进的机会是生产运营第一阶段取得优秀成绩的首要任务。重点关注影响大、投入少的改进项目。

——启动项目，确认问题所在，明确项目的现状和未来形势。分析"根本原因"，制订行动计划，确定过程中的关键参数，提出标准化的改进措施。

结果和跟进：

——对十个项目进行了改进：莫阿关键生产环节的三个设备、加拿大提炼厂关键生产环节的三个设备和四个特殊设备。

——实践活动结束后的三个月内，将这十个项目的信息资料提交给双方股东最高领导层。所有数据资料均依据精益理念。

——跟进项目的实施。

精益理念是一种系统性的管理方式，能够通过对业务或操作过程的不断改进，识别和消除浪费以及没有附加值的活动。通过这种方式可以从不同角度分析所有与客户相关的工作事宜。

第六节　古巴革命胜利后采矿业相关的大事件

1959 年 11 月 20 日：成立古巴石油研究院（ICP）和古巴矿业研究院（ICM）。

1960 年 7 月 21 日：在“七・二六”运动中，领导人和工人代表将马坦安布雷公司收归国有，是古巴第一批国有化公司之一。

1960 年 10 月 24 日：通过 1960 年 10 月 24 日部长理事会的第三号决议，确认不同经济领域的 162 家公司收归国有，其中包括采矿业的若干公司。选择这个日期发布是为了向该领域的工人们表示敬意。

1961 年 1 月 20 日：埃内斯托・切・格瓦拉（Ernesto Che Guevara）第一次视察尼卡罗（Nicaro），并与现场的工人和附近的居民进行了亲切的会谈。

1961 年 2 月 23 日：成立工业部。

1961 年 5 月 26 日：切・格瓦拉（Che Guevara）司令在劳尔・卡斯特罗・鲁斯（Raúl Castro Ruz）司令、比尔马・埃斯平（Vilma Espín）和阿莱达・马奇（Aleida March）的陪同下，视察了莫阿（Moa），随后又参观了卡约关（Cayo Guan）铬矿场。

1961 年 11 月 7 日：切・格瓦拉成立古巴矿产资源研究院（ICRM），接管自 1959 年起由古巴石油研究院（ICP）和古巴矿业研究院（ICM）监管的采矿业和石油业。

1962 年 3 月 1 日：切・格瓦拉视察尼卡罗和雷内・拉莫斯・拉图（René Ramos Latour）司令公司。

1962 年 8 月 10 日：成立国家水力资源研究院（INRH）。

1963 年 1 月 18 日：切・格瓦拉再一次视察尼卡罗，并与莫阿佩德罗・索托・阿尔巴司令公司和尼卡罗雷内・拉莫斯・拉图（René Ramos

Latour)司令公司的主要管理人员进行会谈。

1963 年 3 月 9 日：切·格瓦拉视察尼卡罗，参加雷内·拉莫斯·拉图(René Ramos Latour)公司领导人的董事会。

1964 年 9 月 3 日：切·格瓦拉视察莫阿和蓬塔戈尔达(Punta Gorda)的铬矿。

1964 年 11 月 29 日：切·格瓦拉到莫阿的最后一次视察，并在西罗雷东多(Ciro Redondo)影院发表重要讲话。

1966 年 8 月 27 日：菲德尔·卡斯特罗从巴拉科阿(Baracoa)来到莫阿(Moa)视察，参观了矿场区域和佩德罗·索托·阿尔巴(Pedro Sotto Alba)公司的生产设施。

1967 年 2 月 7 日：成立矿产和冶金部。

1967 年 6 月 7 日：取消工业部。

1967 年 6 月 7 日：成立基础工业部(MINBAS)。

1967 年 6 月 21 日：成立古巴科学院的地质与古生物研究院(IGP)，负责地质学的基础科学研究工作。

1971 年 3 月 13 日：菲德尔·卡斯特罗视察卡马圭省的埃尔雷亚尔(El Real)盐场、努埃维塔斯(Nuevitas)肥料厂和圣卢西亚(Santa Lucía)的海滩。

1971 年 12 月 29 日：菲德尔·卡斯特罗视察比那尔德里奥(Pinar del Río)的马坦安布雷(Matahambre)矿场。

1973 年 2 月 15 日：菲德尔·卡斯特罗视察奥连特省(Oriente)的所有矿区，并根据 1972 年与苏联(URSS)签署的协议，提出了该地区采矿业发展的相关规划。

1974 年 12 月 26 日：通过第 1285 号法律规定矿产和冶金部更名为矿产和地质部。

1974 年 12 月 26 日：通过第 1286 号法律，取消基础工业部(MINBAS)。

1975 年 1 月 14 日：菲德尔·卡斯特罗陪同波兰最高领导人爱德华·吉瑞克(Edward Gierek)参观佩德罗·索托·阿尔巴公司，并在莫阿(Moa)市一所理工学院的开幕式上发表讲话。

1979 年 12 月 10 日：关于荣誉勋章的第 30 号法律批准施行。其中，第 3.4 条规定为采矿领域工作人员授予雷内·拉莫斯·拉图(René Ramos Latour)荣誉勋章。

1980 年 1 月 10 日：通过第 31 号法律重新成立了基础工业部(MINBAS)，取消化工部、电力部和地质矿业部，由基础工业部接替上述部门的权力和职能。

1982 年 10 月 24 日：在古巴圣地亚哥(Santiago de Cuba)举办的冶金—矿业工人日国家庆祝活动中，第一次向在采矿业工作了 25 年以上的员工颁发了雷内·拉莫斯·拉图(René Ramos Latour)荣誉勋章。除了颁发给 1390 名工人外(详见附件 7)，还将该荣誉勋章颁发给了菲德尔(Fidel)和劳尔(Raúl)。

1983 年 6 月 30 日：菲德尔·卡斯特罗视察了东部地区的矿区，检查该地区的社会经济发展成果，并重点关注了关塔那摩省(Guantánamo)萨瓜德塔纳莫市(Sagua de Tánamo)的道路建设工作。

1984 年 11 月 1 日：菲德尔·卡斯特罗陪同苏联第一副部长尼古拉·雷日科夫(Nikolai Rizhkov)视察了古巴镍业集团(CUBANÍQUEL)镍业机械公司的建设工作。

1986 年 4 月 15 日：在其第六次视察莫阿(Moa)时，菲德尔·卡斯特罗明确了第 304 号投资项目(埃内斯托·切·格瓦拉司令(Comandante Ernesto Che Guevara)公司)的发展方向。随后视察了施工现场和佩德罗·索托·阿尔巴(Pedro Sotto Alba)公司。

1989 年 3 月 6 日：当时任古巴共产党第二书记、古巴革命空军(FAR)总司令的劳尔·卡斯特罗视察比那尔德里奥(Pinar del Río)的矿区，留下一份献词并写了一封信致阿尔贝托·费尔南德斯·蒙特斯·奥卡长官(Capitán Alberto Fernández Montes de Oca)公司的全体采矿工人。

1989 年 7 月 25 日：菲德尔·卡斯特罗视察卡马圭省(Camagüey)纳哈萨(Najasa)市的沸石生产厂。

1995 年 1 月 23 日：批准施行第 76 号法律《矿业法》。

1995 年 1 月 23 日：成立国家矿产资源办公室（ONRM）。

1997 年 9 月 19 日：批准施行第 222 号法规《采矿业条例》。

2008 年 7 月 18 日：批准矿业政策。

2012 年 10 月 9 日：通过第 301 号法律，批准基础工业部（MINBAS）转型为能源和矿产部（MINEM）。

2012 年 12 月 7 日：雷内・拉莫斯・拉图（René Ramos Latour）公司停止了镍业生产业务，转变为技术服务公司，简称尼卡罗技术（NICAROTEC）。

第三章 古巴采矿业革命烈士雷内·拉莫斯·拉图(René Ramos Latour)生平

“我知道，自强不息的古巴人能够克服各种各样的困难，长期为我国的经济、政治和社会革命事业而奋斗。为了这一伟大的事业，我一定鞠躬尽瘁，死而后已。”①

——雷内·拉莫斯·拉图，丹尼尔司令(Comandante René Ramos Latour, Daniel)

安蒂亚(Antilla)是现在的奥尔金省(Holguín)最小的城市，也是古巴最小的城市之一。这座城市坐落于埃尔拉蒙(El Ramón)半岛，由一条狭窄的沿海地带构成，两边是泥皮湾(Nipe)和巴内斯湾(Banes)。雷内·吉尔伯托·拉莫斯·拉图(René Gilberto Ramos Latour)于1932年5月12日出生在这座港口城市的原望海路(Miramar)，即如今的雷内·拉莫斯·拉图司令(Comandante René Ramos Latour)大街96号(详见附件7)。他在八个兄弟姐妹中排行第六，兄长是奥兰多(Orlando)、赫克托(Héctor)、奥尔多(Aldo)和雨果(Hugo)，弟弟和妹妹分别是埃内斯托(Ernesto)和伊莎贝尔(Isabel)。②

---

① 犹大·帕切科(Judas Pacheco)、埃内斯托·拉莫斯(Ernesto Ramos)和贝罗米诺·卡斯蒂利亚(Belarmino Castilla)1958年7月13日致路易斯·格莱亥·法瓦尔(Luis Clerjé Fabar)的信:《丹尼尔，山区的平民领袖》，哈瓦那政治出版社2008年出版，第404页。

② 在八个兄弟姐妹中，除了雷内(René)以外，还有三个从事与矿业有关的工作:奥兰多(Orlando)在20世纪40年代先后就职于弗雷德里克斯奈尔公司(Frederick Snare Corporation)、关塔那摩(Guantánamo)海军基地和尼卡罗(Nicaro)镍业加工公司;阿纳尔多(Arnaldo)于50年代在上述第二家公司的仓库以及古巴圣地亚哥(Santiago de Cuba)查科雷东多(Charco Redondo)的锰矿场工作;埃内斯托(Ernesto)自1955年起在尼卡罗镍业公司(Nicaro Nickel)的还原炉场站以及奥古哈尔(Ocujal)的矿场工作。他们的父亲也于1940～1942年在尼卡罗(Nicaro)工厂的施工项目中工作过。

雷内·吉尔伯托·拉莫斯·拉图(René Gilberto Ramos Latour)

雷内(René)出生时住的房子是医药师胡里奥·苏亚雷斯·以利亚(Julio Suárez Elías)于1918年修建的,他搬到哈瓦那之后房子就归他的兄弟费利佩(Felipe)所有,费利佩将房子租了出去。1927年,参与反独裁运动的安蒂亚(Antilla)海关的会计埃内斯托·拉莫斯(Ernesto Ramos)和他的妻子伊莎贝尔·拉图(Isabel Latour),也就是雷内(René)的父母亲租了这套房子。雷内在那里成长到三岁,全家就搬到了埃尔拉蒙(El Ramón)庄园,住在姨母奥罗拉(Aurora)的房子里。

1940年他们又搬到了古巴圣地亚哥市(Santiago de Cuba),现在那里的雷内·拉莫斯·拉图(René Ramos Latour)大街(原伍德将军(General Wood)路)有一座纪念碑,是雕刻家卡里达·拉莫斯(Caridad Ramos)的作品。

他们在古巴圣地亚哥先后有多个住处。一开始是在雷伊·佩拉约路(Rey Pelayo)和圣丽塔路(Santa Rita)之间的多纳托·马尔摩尔路(Donato Mármol),后来搬到圣卡洛斯路(San Carlos),最后定居在克拉林路(Clarín)和来洛合路(Reloj)之间的圣卢西亚路(Santa Lucía)508号。

雷内八岁的时候开始在一所私立学校上小学,后来转学到了古巴圣地亚哥师范学校的附属学校——一所公立实验小学,直到六年级毕业。

毕业后雷内继续在夜校学习,后来考入了贸易技术学校(现在的菲利克

雷内烈士的出生地(自 1982 年 4 月 23 日起成为安蒂亚城市博物馆)

古巴圣地亚哥(Santiago de Cuba)圣卢西亚路(Santa Lucía)
58 号拉莫斯·拉图(Ramos Latour)一家的住所

斯·佩纳(Félix Pena)中等经济学校),会计学毕业。毕业后,他在一个公证处当秘书,后来加入了拉丁美洲资本、储蓄和预算公司。

1952 年他来到了尼卡罗(Nicaro),在古巴镍业公司工作了 5 个月,1953 年 3 月 16 日起开始在尼卡罗镍业加工公司①任职(详见附件 8),一直到 1957

① 古巴革命政府于 1960 年 10 月 24 日将其更名为雷内·拉莫斯·拉图(René Ramos Latour)司令公司。

古巴圣地亚哥雷内上学的贸易技术学校

年。在这期间他担任过多个职位,包括奥古哈尔(Ocujal)矿场的总会计师,现在那里还有一座他的纪念碑。

1954 年 8 月 27 日,雷内在其从奥古哈尔给母亲寄的信中写道:"是的,我亲爱的妈妈,在这荒凉的山区里,我知道自己该做什么,有钱人、罪恶的人掠夺了这片富饶的土地,将这些财富用于卑鄙无耻的事情,奴役并统治着他们认为下贱而无比轻视的人民。"[①]拉莫斯·拉图(Ramos Latour)描述的"富饶的土地"就是那些已经开采的矿藏,他们选择性地开采完可以提取镍矿的矿床后就将其弃置,没有进行恢复。尽管这些矿床的矿物可以作为原材料

---

① 犹大·帕切科(Judas Pacheco)、埃内斯托·拉莫斯(Ernesto Ramos)和贝罗米诺·卡斯蒂利亚(Belarmino Castilla):《丹尼尔,山区的平民领袖》,哈瓦那政治出版社 2008 年出版,第 30 页。

尼卡罗(Nicaro)奥古哈尔(Ocujal)矿场

古巴圣地亚哥市(Santiago de Cuba)雷内·拉莫斯·拉图(René Ramos Latour)大街雷内·拉莫斯·拉图的纪念碑

奥古哈尔矿场雷内·拉莫斯·拉图(René Ramos Latour)司令的纪念碑

来生产镍铁,但其含铁量约为50%,而镍的含量只有1.5%,并且尼卡罗镍业加工公司并不具备生产的技术。

雷内·拉莫斯·拉图(René Ramos Latour)(左)站在通用汽车(General Motors)的欧几里得(Euclid)卡车上,准备将奥古哈尔(Ocujal)的矿产通过火车运到尼卡罗(Nicaro)

第一节　雷内:工人、父亲、丈夫、革命者

“一个总能在他身上找到伟大之处的人。”[1]

地下斗争的战友——

马努埃尔·德·赫苏斯·塞斯佩德斯·埃尔南德斯(Manuel de Jesús Céspedes Hernández)

他的兄弟埃内斯托(Ernesto)(也叫弗雷迪(Fredy))回忆起雷内·拉莫斯·拉图司令还在工作的时期:

> 雷内是一个全才。他与公司签署的合同是作为工人食堂的负责人,在矿场负责管理炊事班,为工人们做饭。他监管炊事班,负责安排采购食品。雷内不仅仅是一个非常有责任心的员工和革命者,而且具有积极上进永不停歇的精神。他参加了哈瓦那大学的远程教育,希望给自己充电。他买了一个录音笔,将所有的课程都录了下来。雷内非常聪明,经过不懈的努力,他成功地完成了公共管理专业的课程。与此同时,他还差一点就完成了行政法和外交领事法的课程。[2]

在工作和学习的同时,雷内还先后参加了解放者行动、东方革命行动和国民革命行动等多个组织。其中,后两个行动是由弗兰克·巴伊斯·加尔西亚(Frank País García)创办和领导的。在发起“七·二六”运动之前,雷内·拉莫斯·拉图(René Ramos Latour)加入了他的队伍,一直到成为弗兰克的副手,“对他来说很不可思议”,起义军的将军费尔南多·贝西诺·埃尔吉瑞特(Fernando Vecino Alegret)在为本书作者提供资料时说道,这位将军在山区革命时成为了雷内的助手。“我当时不在那儿,但所有的人都在谈论他,他自己也说:是个很大的惊喜。他为了完成这项伟大的事情,将自己的

---

① 2015 年 12 月 17 日,作者在采访马努埃尔·德·赫苏斯·塞斯佩德斯·埃尔南德斯(Manuel de Jesús Céspedes Hernández)时他发表的评论。

② 2015 年 11 月 11 日作者采访了埃内斯托·拉莫斯·拉图(Ernesto Ramos Latour)。

一生奉献给了革命运动，他所做的一切无法用语言来形容。”[①]雷内与古巴圣地亚哥（Santiago de Cuba）运动的领导人始终保持联系，并在拉斐尔·奥莱弘（Rafael Orejón）[②]和其他东部地区年轻革命者的帮助下，组织了奎托（Cueto）、安蒂亚（Antilla）和玛雅里（Mayarí）市，包括尼卡罗（Nicaro）居民的革命运动。

他的指挥所隐藏在一个叫“洞穴”的地方，位于圣奥古斯丁路（San Agustín）和克拉林路（Clarín）之间的雷伊佩拉约路（Rey Pelayo）160号（内）。该处住宅属于一个银行工作人员，名叫卡洛斯·奥尔特加（Carlos Ortega）。在入口处，有一张雷内·拉莫斯·拉图（René Ramos Latour）司令的名片。

“洞穴”入口（雷内·拉莫斯·拉图
（René Ramos Latour）司令在古巴圣地亚哥的指挥所）

1956年9月16日，雷内（René）和奥尔金人埃尔维拉·冈萨雷斯·罗德里格斯（Elvira González Rodríguez）[③]成婚。雷内的妻子回忆道：

---

① 2015年11月11日作者采访了费尔南多·贝西诺·埃尔吉瑞特（Fernando Vecino Alegret）。

② 拉斐尔·法奥斯托·奥莱弘·福门特（Rafael Fausto Orejón Forment），“七·二六”运动的成员，于1956年12月23日在尼卡罗镍业加工公司门前的轿车里被暗杀。

③ 2015年11月12日作者采访了埃尔维拉·冈萨雷斯·罗德里格斯（Elvira González Rodríguez）。

我认识雷内的时候还在上学，那时候我刚刚高中毕业，只有17岁。那是1953年6月23日，在奥古哈尔(Ocujal)矿场。矿场的工人们都住在一个俱乐部里，我爸爸跟雷内住在一个房间，因为矿场没有供夫妻居住的地方，所以我妈妈不能住在矿场。

我到矿场去跟我爸爸待几天，他把他的几个同事介绍给我认识。雷内当时在院子里，赤着脚，没穿衬衫，正在杀鸡。我爸爸从窗口叫他："雷内，上来认识一下我女儿。"一个绰号是"奇诺人"的工人用一块汽车内胎包了破拖鞋和一件在他腋下完全烂掉的背心向他扔了过去。就这样他离开院子，过来认识了我。第一眼就留下了深刻的印象。我们开始谈论他的学业，我的学业，我将来要做的事情和他将来要做的事情。然后他说"晚上在我家，我们可以玩大富翁"。"你知道大富翁是什么吗?"我从来都没见过大富翁，但我回答说我会。但我们并没有玩儿，我们继续聊天，一个月后我们就恋爱了。这是一见钟情。

雷内·拉莫斯(René Ramos)和

埃尔维拉·冈萨雷斯(Elvira Gonzále)的婚礼

后来，矿场唯一的一个小房子分给了我父亲，因为他是矿场润滑油厂和所有卡车的负责人；起义军就是用这些卡车攻打了奥古哈尔(Ocujal)，正好在拉斯穆拉斯(Las Mulas)地区。父亲为起义军提供了弹药、汽油和石油，甚至是他的吉普车让他们前往第二个战线。1956年9月16日我们结婚后，父亲在院子里为他盖了一个小房间。谈恋爱的时候，他住在奥古哈尔矿场，我在古巴圣地亚哥。我们每个周五都会写信。

有一天我们在圣地亚哥的狂欢节活动散步，遇到了佩皮托·泰伊(Pepito Tey)[①]。他跟雷内说了些悄悄话，然后雷内笑了。之后过来一个金黄色头发的女人，我觉得是比尔马·埃斯平(Vilma Espín)。他指了指她，然后走过去和她聊了起来。她走了之后，我们坐在人行道上，我摘下订婚戒指攥在手里，我要跟他分手。我对他说："够了，在我们之间那个女人就是她。我看见你们互相递纸条。你的迟到，你的谎言，都是因为她。我看见你在圣地亚哥，别人也看到了，但我问你的时候你却说那不是你。你有双重性格，但是跟我在一起你只能是你自己。你去跟她说吧，我们结束了。"雷内笑了然后对我说："埃尔维拉，我真的很爱你。我这一辈子只有两份爱情：一个是我的祖国，另一个就是你。如果你听我的，我向你发誓我会履行对你的承诺，只要你愿意，我们就结婚。"

他的这些话让我心里为之一震，我心里想到："发生了什么？"我不能失去我的人生挚爱。他说："亲爱的，我正在参加一个叫'七·二六'的运动，由一位名叫菲德尔·卡斯特罗的先生领导，他最近要来圣地亚哥，等待发起运动。运动开始的时候，我要参与我力所能及的事务。如果需要挺身而出，需要远走他乡，我都可以。如果你同意不干涉我的政治活动，不分散我的注意力，不要成为我人生中的阻碍，我们现在就结婚。这些你不能告诉任何人。如果你不能接受，那么等这次运动胜利，如果我还活着，我去找你，然后我们结婚。"那时我对他说："不不不，我们现在就结婚。"他说："走，我们去定日子。"

---

① 何塞·泰伊·圣·布兰卡德(José Tey Saint Blancard)：古巴年轻革命者，为祖国的革命事业献出了生命。参加了"七·二六"运动，在古巴圣地亚哥(Santiago de Cuba)1956年11月30日的起义运动中牺牲。

婚礼之后我们坐火车来到哈瓦那。我们本来预定了科帕卡巴那宾馆，但是后来我们住到了他姨母奥罗拉(Aurora)家。因为那天晚上我特别不舒服，不能去宾馆。第二天我们才去的宾馆。那天晚上我一直在哭，在等他，但他没有来。我向他承诺过我不会成为他人生中的阻碍。天亮了，我洗好脸，化好妆，我就是全世界最幸福的女人。我没有抱怨。就这样开始了我和雷内的生活。我们没有时间去度蜜月，本来应该是一个月，但我们在哈瓦那待了不到十五天。我们去了尼卡罗(Nicaro)，从那里去了科林西亚(Corintia)海滩。那是一片至今都没有开发的天然海滩。我们只能晚上过去，因为我们的司机埃斯特韦斯(Estévez)①的吉普车蓄电池没电了。

关于雷内的性格和为人处世，埃尔维拉给出了很高的评价：

雷内总是为他人着想，而不考虑自己。他几乎没有自己的时间，因为他从早晨7:00一直工作到下午4:00，在办公室处理主要的信息资料，保证工厂冶金镍含量和其他矿物成分含量的平衡。这份工作结束之后，下午他有一组学生，要给他们上课。那些学生是员工和工人的孩子们，甚至是在食堂工作的奇诺人，他教他们读书识字。也就是说，他既教员工，也要教他们的孩子们。矿场的饭是由一个合作社负责提供的，雷内负责管理合作社。他要采购所有的食材，要给在那里工作的奇诺人、一个小男孩还有一个妇女支付工资。雷内一开始的工资是127.00比索，后来涨到了175.00比索，但一直没有达到200.00比索。我当时的工资是125.00比索，但只有在假期的时候才会有工作。②

吉列尔莫·吉拉尔特·阿尔达纳，提托(Guillermo Guilarte Aldana, Tito)，自1953年起在奥古哈尔矿场任办事员，那时他只有18岁，后来和雷内一起被调到尼卡罗镍业加工公司。他回忆道：

---

① 何塞·马努埃尔·埃斯特韦斯·瓜什(José Manuel Estévez Guash)：尼卡尔镍业加工公司的工人，大部分人认为他是雷内·拉莫斯·拉图(René Ramos Latour)最好的朋友。

② 2015年11月12日作者采访了埃尔维拉·冈萨雷斯·罗德里格斯(Elvira González Rodríguez)。

所有的工人都会找雷内，告诉他他们的忧虑和困难之处，希望雷内能帮他们走出困境。雷内会很认真地倾听同事们的倾诉，然后为他们提出意见或采取行动帮助他们，同事们都非常高兴。所以雷内对我们来说不仅仅是一个领袖，而更像是一个兄长。

雷内是一个非常有组织能力、守纪律、讲诚信的人。所以我们都希望除了会计工作之外，他能够负责管理工人食堂。工人饮食和住宿的管理工作是非常苛刻的。他也希望我们能够享受到更好的条件。雷内一直努力奋斗是因为他不相信不正之风会永远存在。所以后来他就报名参加了远程教育，需要到哈瓦那去考试。

他对矿场退休的同事们非常尊重和体贴。他会为退休人员组织欢送会，而正因为他的这一品质，人们都对他赞不绝口。

雷内·拉莫斯·拉图(René Ramos Latour)组织的活动
(他坐在最后，从左向右数第四个，留着小胡子)

为了展示他对我们的关心，我这里有一封1955年9月23日他在哈瓦那给我写的信。信里面写到了他一直在想办法解决同事们向他提出的各种困难：[①]

① 2015年11月18日作者采访了吉列尔莫·吉拉尔特·阿尔达纳(Guillermo Guilarte Aldana)。

哈瓦那,1955 年 9 月 23 日

吉列尔莫·吉拉尔特先生,尼卡罗

我亲爱的兄弟:

我很高兴昨天收到了你的来信。我没有立刻给你回信是因为我昨天下午有两门考试,所以我在拼命复习。

在外地的时候,还会有一个同事(最亲近的同事)想着我,让我非常感动。

你在那边我很放心,我知道你会尽最大努力支持我,并帮助弗雷迪在办公室能够接替采购业务。

你放心,你的衬衫和袜子我都会给你买,尽管我只剩这点钱了,就是我沿着公路走到圣地亚哥我也会给你买。

你想要长袖还是短袖的衬衫?在圣地亚哥埃尔恩坎托(El Encanto)百货公司我看到一件跟你想要的一模一样的,不过是短袖。

马宁(Manin)想要找到戈麦斯(Gómez),你问问他美国那家帮他办理户口的律师事务所的地址,尽快告诉我。

让曼戈(Mongo)不要紧张;如果他不相信,可以自己去,在全尼卡罗不会再有比那里吃得更好的地方,而且价格不会这么实惠。

关于马里奥(Mario),我跟利纳雷斯(Linares)谈过他的事情,他跟我说啦,马里奥需要以波亚托(Poyato)的名义,写一份宣誓声明,想进大学的话需要买一份会计证,价格是 26.20 美元,所以需要宣誓书。跟他说我之前跟他解释过,但是马里奥不知道这个事情;不过现在都已经解决了。

别忘了给我写信,告诉我你要什么衬衫,还有戈麦斯以及昆卡和他儿子的事情。克克(Coco)应该已经生孩子了吧,希望他们一切都好。

好了,皮波(pipo),纸用完了,我不写了。

我只剩一门考试了，我希望得 G. 到 D.，我一定能考过的。

代我向所有同事，还有拉斐尔（Rafael）和罗拉（Lola）问好。

来自好兄弟大大的拥抱。

（签名：雷内）

“我觉得雷内是一个优秀的马尔蒂人。”马努埃尔·加兰·索佩纳（Manuel Galbán Sopeña）说，他与雷内一起上过英语夜校，后来在尼卡罗他工作的工厂进行“七·二六”运动的协调工作：

> 有一次，他跟我说这一切都需要改革，我们很快就达成了共识。我们的交谈很愉快，受益匪浅。他说话很慢，经常提到马尔蒂（Martí）。[1]当雷内在矿场的时候，传奇人物德梅特里奥·普雷西利亚·洛佩斯（Demetrio Presilla López）也在工厂工作。他们一起开会，成了朋友。他们称他为“头儿”，因为他熟知各个地区的矿业。他们的关系很好，雷内非常敬重他，他是一个很聪明的人，可以向他咨询任何事情，他几乎无所不知。雷内很喜欢他，我也是。

但是，并没有找到有关雷内（René）和普雷西利亚（Presilla）之间关系的资料。我注意到没有人问普雷西利亚他是怎么遇到雷内司令的。人们都知道他们认识，但没有人还记得具体的经历或事情。他的兄弟埃内斯托（Ernesto）说：“普雷西利亚走的时候我们也没有问他”。[2]

“我们的女儿海蒂（Haydée）出生于 1957 年 6 月 23 日，那是婚礼后的九个月零八天。海蒂·圣玛利亚（Haydée Santamarí）是她的教母。3 月 2 日的时候雷内已经到了山区。6 月 25 日雷内和阿赛拉·德·洛斯圣（Asela de los Santos）[3]一起出现在医院，然后在二号战线弗兰克巴伊斯（Ⅱ Frente

---

① 2015 年 11 月 17 日作者采访了马努埃尔·加兰·索佩纳（Manuel Galbán Sopeña）。

② 2015 年 11 月 11 日作者采访了埃内斯托·拉莫斯·拉图（Ernesto Ramos Latour）。

③ 阿赛拉·德·洛斯圣·塔马约（Asela de los Santos Tamayo）：杰出的女革命战士。古巴革命胜利后，担任多个重要岗位，包括古巴妇女联合会（FMC）的总书记和教育部的部长。

Frank País)开战之前，发起了中米兰达(Central Miranda)战线。"埃尔维拉回忆道。

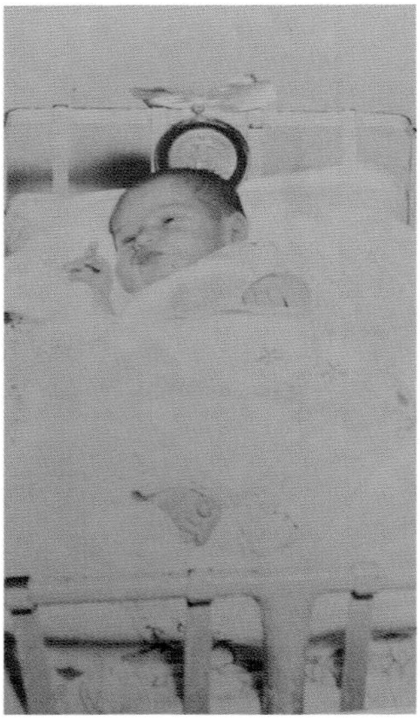

雷内的女儿海蒂刚出生时(雷内在医院拍摄的照片)

第二节　雷内:司令、战士

"那个时候我们都是新兵，但我可以跟你说，在圣地亚哥，他对于我们就像是菲尔德在马埃斯特拉山(Sierra Maestra)。"[①]

——安东尼奥·恩里克·卢松·巴特列少将(Antonio Enrique Lussón Battle)

1957年3月2日，雷内·拉莫斯·拉图(René Ramos Latour)向马埃斯特拉山(Sierra Maestra)进发，带着第一队人马加入了格拉玛(Granma)的远

① 2016年6月14日作者采访了安东尼奥·恩里克·卢松·巴特列少将(Antonio Enrique Lussón Battle)。

征队伍。同年5月,菲德尔·卡斯特罗·鲁斯司令(Fidel Castro Ruz)派他回到古巴圣地亚哥,收集军火和人员送入起义军。

> 埃尔维拉说,不管怎样,雷内有机会能认识海蒂。我们三个一起去过哈瓦那很多次。当他需要到哈瓦那的时候,比尔马埃斯平都会争取让我和女儿一起去。我们待在我的祖母家,我们和他见面很少,但我们的心在一起。小女儿跟他不亲,每次他抱她的时候都会把她弄哭。她可以跟任何男人亲近,唯独雷内不行。直到有一天,我们在卡马圭(Camagüey)田·纳瓦雷特(Tin Navarrete)(奥古斯丁·纳瓦雷特·萨尔拉布(Agustín Navarrete Sarlabous))家里,我的床离墙有一段距离,我们就在旁边放了几把椅子。早晨我们醒来后,雷内让我帮他拿一条毛巾。我把睡着的女儿放在床上,但是她已经醒了,爬来爬去,结果掉到了床下。她又哭又闹完全失控了,不肯让我靠近,只跟她的爸爸亲近。我跟雷内说:"这孩子是不是要再摔一次才能跟我亲近呢?完全没有道理啊。"
>
> 我刚刚分娩的时候,雷内还在圣地亚哥,他来看过我们很多次。那个时候他常来,因为他待的地方离我们很近。每隔一段时间他就会出现。弗兰克被杀的那天,他一上午都跟我在一起,他刚刚从弗兰克家里出来。我当时甚至以为跟弗兰克一起走的另一个人是他。当时我带着女儿在门厅,一个邻居跟我说:"刚刚弗兰克·巴伊斯(Frank País)和跟他一起的一个男青年被杀了。"正在那时电话响了,我听到了他的声音,对我说:"我没事"。①

1957年7月30日,弗兰克·巴伊斯死后,雷内·拉莫斯·拉图(René Ramos Latour)被任命为革命运动的国家级领导人,以及"七·二六"运动国家领导层的执行委员,之后回到山区。在那里成立了第9军何塞·泰伊(José Tey),即之后的第19军。

---

① 2015年11月12日作者采访了埃尔维拉·冈萨雷斯·罗德里格斯(Elvira González Rodríguez)。

路易斯·费利佩·罗塞尔·索勒(Luis Felipe Rosell Soler),是弗兰克·巴伊斯(Frank País)亲自任命的,在圣地亚哥"七·二六"运动和米兰达二号战线准备工作中听命于雷内,他说:"丹尼尔非常平易近人,他对人很体贴,文化程度很高。他知道如何因材施教,并且对我们,就是在运动中跟随他的人非常关心,随时关注我们遇到的困难。"①

有五个人决定称雷内为"七·二六"运动弗兰克·巴伊斯(Frank País)的接班人,罗塞尔就是其中之一,他回忆道:

8月1日,他们在罗莎·布斯蒂略(Rosa Bustillo)女士家里汇合,她是比尔马·埃斯平(Vilma Espín)好朋友戈蒂·洛佩斯·德·金塔纳(Goti López de Quintana)的母亲,她家在德拉萨(Terraza)地区的维斯塔阿莱格雷(Vista Alegre)。我记得那里就是比尔马的藏身之地。那次的革命运动国家领导会议,除了我们两个之外,还有卢卡斯·莫兰·阿尔塞博士(Lucas Moran Arce)——后来的叛徒,恩里克·坎托(Enrique Canto)——弗朗塞萨(Francesa)商店,即现在的皇家酒店的主人,以及丹尼尔。他跟我们解释说,菲德尔决定要认命弗兰克的接班人,在目前的情况下,必须有人来领导革命运动。是比尔马最先提议由丹尼尔出任的。我几乎可以一字不差地复述她说的话:"大家注意,我的观点是这个接班人应该是丹尼尔,因为他是近期和弗兰克接触最多的同志。"②

山区革命战争时,他也在雷内的身边,他回忆起当时的事情,更能体现出雷内·拉莫斯·拉图(René Ramos Latour)司令的品质:

有一次我们在一个叫意达利亚(Idalia)的地方扎营,那里非常冷。我们到了那里饥寒交迫,非常疲惫,并且已经被雨淋透。那个地方冷到令人绝望。我跟一个向导,算是我的半个亲戚,叫布兰吉托·莫尼埃尔(Blanquito Moniel)说:"喂,布兰吉托,你去我家跟我老婆说赶紧给我送两条毯子来。"几天后布兰吉托带回了毯子,我给了丹尼尔一条,我自己

① 2016年2月23日作者采访了路易斯·费利佩·罗塞尔·索勒(Luis Felipe Rosell Soler)。
② 同上。

赶快盖上了另一条。丹尼尔也很冷，但是他没有自己留着毯子，而是给了一个叫伊托（Yito）的人[①]，他很瘦，比任何人都要怕冷。这就是丹尼尔。[②]

革命战争的战友们，拉斐尔（Rafael）、费约（Fello）和卡萨德·卡瓦耶罗（Casade Caballero）说：

丹尼尔时时刻刻都为我们树立了榜样。当他想要告诉某人做错了一件事情时，他从来不会当着所有人的面说。他会单独找当事人，给他分析他出现的错误，让他明白这样做是不对的。有人看到过丹尼尔在和一个人谈话，应该是那个人做错了事情。后来我们就看到那个谈话的同志流下了眼泪。这是因为丹尼尔总是能深入人心。尽管他是一个高层领导人，但他非常平易近人。[③]

雷内和切·格瓦拉都认为古巴是自由、与众不同的，应当优先发展采矿业，消除不平等和不公正。但是他们的政治观点略有不同，从切·格瓦拉在1957年12月14日写给丹尼尔司令的信中就可以看出："我坚持我的观点，我相信解决问题的方法是利用所谓的铁幕，我认为这场运动是众多资产阶级想要挣脱帝国主义锁链而发起的运动之一。"[④]

丹尼尔于12月18日回复道：

我只是想陈述一下我们的观点，当然是和你的完全不同……我们最本质的区别在于，我们希望在我们的美洲，给被压迫的人民带来一个能响应人们对自由和发展愿望的政府，一个团结一致、能保证国家自由权利、尊重国家发展潜力的政府。相反，你的观点却认为带领我们走出

---

① 爱德华多·马丁内斯，伊托（Eduardo Martínez，Yito），起义军战士，属于雷内·拉莫斯·拉图（René Ramos Latour）指挥的部队。

② 2016年2月23日作者采访了路易斯·费利佩·罗塞尔·索勒（Luis Felipe Rosell Soler）。

③ 何塞菲娜·奥尔特加（Josefina Ortega）：《传奇人物丹尼尔司令》，起义军青年报，1988年7月29日。

④ 埃内斯托·切·格瓦拉（Ernesto Che Guevara）：《著作和演讲》，第二章，哈瓦那社会科学出版社1972年出版，第249页。

左:拉斐尔·卡萨德·卡瓦耶罗(Rafael Casade Caballero);
中:雷内·拉莫斯·拉图(René Ramos Latour)

困境、脱离美帝国主义统治的方式是投靠苏联。①

在同一封信里,丹尼尔强调说“七·二六”运动的思想来自于何塞·马蒂(José Martí)的政治理念,在社会公平公正的前提下,将古巴建设成一个民主繁荣的国家,而与其他反对派的约定也是必要、合理的。

虽然有分歧,但是观念都很诚恳,切·格瓦拉和雷内的这场争论为国务院和部长理事会主席劳尔·卡斯特罗·鲁斯(Raúl Castro Ruz)提供了完美的范例。他于2010年12月18日在议会宫召开的人民政府全国代表大会第七次立法会议的第六次例会中提出:“……在适宜的地点、时间以适宜的方式提出的不同观点,或者说在合适的地方、适当的时间以正确的方式提出的不同观点,在基于模仿和机会主义的假和谐中,是最可取的。”②

---

① 埃内斯托·切·格瓦拉(Ernesto Che Guevara):《著作和演讲》,第二章,哈瓦那社会科学出版社1972年出版,第249页。

② 可查询网站:www. cubadebate. cu/especiales/2010/12/18/raul-castro-discursoen-la-asamblea-nacional/.

对此，阿曼多·哈特·达瓦洛斯博士（Armando Hart Dávalos）[①]写道："切·格瓦拉在他的回忆录中针对1958年7月30日雷内·拉莫斯·拉图（René Ramos Latour）司令去世的描述令人感动，他说：'……我和雷内·拉莫斯·拉图（René Ramos Latour）的观念分歧很深，我们曾是政治上的敌人，但我知道他在前线因公殉职，一个人会这样死去是因为他的内心有强大的力量，我曾经否认这股力量，但如今是我错了……'"。[②]

就是这股内心的力量促使切·格瓦拉和丹尼尔成就了伟大的事业，人们因为历史而凝聚在一起，而政治上的分歧不再显得那么重要。

丹尼尔和切·格瓦拉一样，勇敢无畏、通情达理、勤奋好学。拉蒙·帕尔多·格拉少将（Ramón Pardo Guerra），在切格瓦拉的军队从军时只是一名18岁的士兵，说：他们是我们学习和超越的榜样。有几次是我负责为他们传递信息。我是在1958年夏天的战争中，在切·格瓦拉指挥部的莫皮埃营地认识了雷内司令。在我的印象中，他是跟随弗兰克·巴伊斯（Frank País）在古巴圣地亚哥（Santiago de Cuba）和整个东部地区经历过无数次战争的年轻人。我有几次跟他交流的机会。他对同事们非常亲近，对领导很尊敬，所以人们都很爱戴他。

有一天，我把切·格瓦拉的信息带给丹尼尔，当时他正埋伏在从拉斯维加斯（Las Vegas）到莫皮埃（Mompié）的路上。完成任务后，我跟他说我要留在他那，等到巡警上来，战斗结束后我再回去报信。他不同意我留在那，我骗他说是切·格瓦拉让我这样做的。然后我就选了一个离他近的位置隐蔽起来。在埋伏的时候，他给我讲了古巴圣地亚哥的地下斗争，我跟他聊那座城市因为我很熟悉。我们聊了很多，拉近了关系。那天我们一直等到傍晚，当时我们都以为巡警应该不会来了。我

---

① 阿曼多·哈特·达瓦洛斯（Armando Hart Dávalos）：杰出的学者和政治家。参与了"七·二六"运动的领导。古巴革命胜利后，曾任教育部和文化部的部长，现任何塞·马蒂（José Martí）文化协会主席。

② 埃内斯托·切·格瓦拉（Ernesto Che Guevara）：《一个战士的日记》，哈瓦那南洋出版社2011年出版，第196页。

回到我的领导那里，告诉了这个消息。之后我又见到他一次，但是战争已经开始，他和他的军队一起，我跟随切·格瓦拉。

我还记得那天，在埃尔乔巴尔(El Jobal)的战争中，丹尼尔被一个榴弹炸到，受了致命的伤。切·格瓦拉收到丹尼尔司令重伤的消息后，立刻派我骑马去拉斯维加斯(Las Vegas)找塞尔吉奥·德尔巴(Sergio del Valle)医生。我全速前进履行我的任务，但当我们到达的时候，丹尼尔已经去世了。我真的无法接受这个事实！他是一个所有人都爱戴的同志。①

埃内斯托·拉莫斯·拉图(Ernesto Ramos Latour)于1958年加入了起义军，他说1958年7月30日他兄弟去世的那天，他参加了奥古哈尔(Ocujal)矿场的起义斗争。"为了纪念弗兰克·巴伊斯(Frank País)去世一周年。当我们回去的时候，我们收到消息说我哥哥雷内在马埃斯特拉山(Sierra Maestra)的埃尔乔巴尔(El Jobal)战争中牺牲了。"②事实确实如此，那一天，在如今的格拉玛省(Granma)巴托洛梅马索市(Bartolomé Masó)的马埃斯特拉山(Sierra Maestra)区域，发生了埃尔乔巴尔(El Jobal)战争，一颗榴弹炮的子弹直接炸到了丹尼尔藏身的地方，给他造成了致命的伤。尽管当时他没有立刻死去，但他伤势太重，根据当时的医生还有埃内斯托·切·格瓦拉司令(Ernesto Che Guevara)和塞尔吉奥·德尔巴(Sergio del Valle)的说法，其死亡时间是当天下午六点。人们将他埋葬在奥尔米盖洛(Hormiguero)弗朗西斯科·埃斯特拉达(Francisco Estrada)的农庄。第二天，起义军电台将埃尔乔巴尔(El Jobal)战争中丹尼尔司令牺牲的消息公之于众。③

费尔南多·贝西诺·阿莱格雷特(Fernando Vecino Alegret)表示认同：

对于我们来说，他是奉献的榜样。在埃尔乔巴尔(El Jobal)战争中，

① 2015年12月15日作者采访了拉蒙·帕尔多·格拉少将(Ramón Pardo Guerra)。

② 2015年11月11日作者采访了埃内斯托·拉莫斯·拉图(Ernesto Ramos Latour)。

③ 后来，按照家人的意愿，拉莫斯·拉图(Ramos Latour)的遗体被安葬在古巴圣地亚哥(Santiago de Cuba)圣伊芙埃尼亚公墓(Cementerio Santa Ifigenia)的墓堂中。这个地方立有指示标牌、古巴国旗和"七·二六"运动的旗帜。

埃尔维拉(雷内的遗孀)到山区看埋葬雷内的地方

我们面对的是两个营,敌方占有极大的优势。如果他没有在战争中牺牲,那将会是革命斗争中专权统治方最惨烈的失败之一。敌方牺牲了大批人马,而我方只牺牲了他一个人。我们之中的任何一个人都希望牺牲的不是他,而是我们自己。丹尼尔是一个非常无私的人。在奄奄一息的时候,他甚至都在担心我们留下的人是否已经安全撤离。一直到咽气,直到最终合上了双眼,他还在关心着他的属下们。这就是领导我们的人。菲德尔了解他,认可他,将他铭记在古巴的历史中。[1]

第三节　雷内·拉莫斯·拉图(René Ramos Latour)的荣誉

1960年10月24日,部长理事会通过第3号决议,将162个不同经济领域的公司收归国有,其中最主要的就是采矿业的公司。尼卡罗镍业加工公

① 2015年11月11日作者采访了费尔南多·贝西诺·阿莱格雷特(Fernando Vecino Alegret)。

司，从此更名为雷内·拉莫斯·拉图(René Ramos Latour)司令公司，以纪念他的贡献，并将这一天作为采矿业工人们的纪念日。

1979年12月10日，菲德尔·卡斯特罗·鲁斯(Fidel Castro Ruz)总司令作为国务院主席批准了第30号法律，即《荣誉勋章法》。其中，包括雷内·拉莫斯·拉图(René Ramos Latour)勋章，授予在采矿—冶金领域工作了25年以上的古巴工人，他们与主要的革命者一样满怀坚定的信念，树立了学习的榜样。同时，在特殊情况下，也可以将该荣誉授予为该领域的发展作出突出贡献的外国公民。(详见附件6)

1982年10月24日，在古巴圣地亚哥(Santiago de Cuba)举办的冶金—矿业工人日国家庆祝活动中，第一次向1390名工人颁发了雷内·拉莫斯·拉图(René Ramos Latour)荣誉勋章。此外，还将该荣誉勋章颁发给了对该经济领域提供了大力支持的菲德尔(Fidel)和劳尔(Raúl)。

雷内·拉莫斯·拉图(René Ramos Latour)荣誉奖章

附　　件

附件 1

矿物质摩氏硬度表

硬度	矿物质	划痕方式	化学式
1	滑石	可以轻易地用指甲	$Mg_3Si_4O_{10}(OH)_2$
2	石膏	可以用指甲，但需要的力度稍大一些	$CaSO_4 \cdot 2H_2O$
3	方解石	可以用铜币	$CaCO_3$
4	萤石	可以用钢刀	CaF_2
5	磷灰石	可以用刀	$Ca_5(PO_4)_3(OH,Cl,F)$
6	正长石	可以用钢锯	$KAlSi_3O_8$
7	石英	可以用一块玻璃	SiO_2
8	黄玉	可以用碳化钨工具	$Al_2SiO_4(OH,F)_2$
9	刚玉	可以用碳化硅工具	Al_2O_3
10	金刚石	本硬度表中最硬的矿物质，只能用其他金刚石	C

附件 2

古巴矿业之父——德梅特里奥·普雷西利亚·洛佩斯(Demetrio Presilla López)的生平简介

1915年2月25日出生于玛雅里(Mayarí)，父亲是西班牙人，母亲是古巴人。在当地的公立学校开始上学。11岁时，他的父亲被派到了美国，于是他跟着去了美国上完中学，在南方一所卫理公会学校读完高中。用他的话来说："非常严格，非常好"。之后完成了高等教育学业，以全年级第一的成绩毕业，成为化学工程师，随后又取得了药物学的本科学位。

30 年代末他回到了古巴，和他的父亲一起在玛雅里和首都萨拉（Sarrá）的药店做生意。他考取了哈瓦那大学。1940 年，作为施工监督员参与了尼卡罗镍业加工公司的投资项目。当场站开始运营后，他被派到德克萨斯（Texas），参加一个关于冶金操作为期 6 个月的专业培训。回到古巴后，他在还原炉场站工作。从那时起，他的一生都在领导古巴镍业的发展。除了工程学以外，他还非常热衷于农业，投入了很多时间在农业研究上。

他不看电视也不听广播，只喜欢读书，特别是圣经、技术类的书和拜伦勋爵（Lord Byron）①的诗歌，后来他读给失明的父亲听。他还非常钟爱自制朗姆酒的香味。他忘不了一进到美国管理人员的办公室时，就看到了莎士比亚全集，后来他得到了那一套书，一直放在最喜欢的书里。

有一天，有人问他，对他来说，什么是自由，他答道："可以做任何想做的事情，可以说实话，可以表达我的哲学思想和道德观念。"他最值得赞赏的品质就是正直和对工作的专注。他"从头到脚"都是一个完美主义者，并且他说"经验有相当大的利用价值"。他对做错的事情会要求非常严厉、不留余地。

对他来说没有任何事情是完美的。他承认，自己最大的缺点是暴躁，而他的金属安全帽是最大的受害者，因为当他看到错误的地方，就会非常生气，把帽子狠狠地摔到地上。他对做错的事情是绝对不能容忍的，更不能接受谎言。

他与切·格瓦拉的关系开始于 1960 年底，当他申请开办佩德罗·索托·阿尔巴司令公司时，他说："我有能力运营这个工厂"。他唯一的要求就是那些参与工厂建设的工人要跟他一起工作。后来他承认这是个失误。剩下的事情大家都已经知道了……

他希望人们记住他是一个真诚的人，他不能忍受别人将他没做过的事

① 乔治·戈登·拜伦：英国诗人，被视为最善变、最重要的浪漫主义作家之一。1788 年 1 月 22 日出生于伦敦，1824 年 4 月 19 日死于希腊迈索隆吉翁。

情归咎于他。他拒绝了所有让他离开古巴去美国公司工作的机会。

他的简历中列举了各种类型的工作,包括为地勘和生产项目提供协助、咨询、指导和直接参与,具体项目有:蛇纹岩开采项目,编号 101:红土矿的综合利用,提高古巴公司的生产能力,尼卡罗废料的处理,矿产勘探工作,项目审议,设备更换,工艺调整等。他最大的贡献之一就是和尼卡罗一群大部分已退休的工人一起,开办了现在的切·格瓦拉司令公司。

他获得了雷内·拉莫斯·拉图(René Ramos Latour)荣誉勋章、卡洛斯·J. 芬利(Carlos J. Finlay)奖牌、八二三奖牌和奥尔金省高级人才称号。1993 年,他获得了莫阿冶金矿业高等学院的荣誉博士称号。当时任部长理事会副主席的佩德罗·米雷特司令(Pedro Miret)在尼卡罗雷内·拉莫斯·拉图(René Ramos Latour)司令工厂运营 60 周年的庆典时,授予其切·格瓦拉奖杯。2003 年 12 月 29 日,他被评为古巴共和国劳动英雄。①

附件 3

采矿业生产用于地区项目的材料

编　　号	项　　　　目
	一般材料
1	天然砂
2	人工砂
3	路面碎石
4	混凝土碎石
5	砂砾碎石
6	花岗岩碎石
7	石粉
8	卵石块
9	实心黏土砖

① 资料存放在雷内·拉莫斯·拉图(René Ramos Latour)司令公司图书馆。

续表

编　号	项　　目
10	空心黏土砖
11	表面实心黏土砖
12	表面空心黏土砖
13	黏土块
14	拉美产黏土瓦
15	法国产黏土瓦
16	屋顶瓦(瓦片)
17	黏土地砖
18	4 寸陶管
19	6 寸陶管
20	4 寸 45°陶管弯头
21	4 寸 90°陶管弯头
22	4 寸陶管 T 形三通
23	4 寸陶管 Y 形三通
24	4 寸 SIFAS 陶管接头
25	4 寸 RUNES 陶管接头
26	6 寸 45°陶管弯头
27	6 寸 90°陶管弯头
28	6 寸陶管 T 形三通
29	6 寸陶管 Y 形三通
30	6 寸至 4 寸变径陶管接头
31	石灰板
32	生石灰
33	石灰腻子
34	石灰土料(灰浆)
35	罗马水泥
36	火山灰水泥
通过废料再循环生产的材料	
1	40×20×10 塑料块
2	40×20×15 塑料块
3	40×20×10 玻璃块
4	40×20×15 玻璃块

附件 4

住宅建设常用的材料

结构和地基：

(1) 混凝土

① 水泥：石灰石、黏土、石膏

② 骨料：砂、砾石、碎石等

(2) 钢筋混凝土

① 水泥

② 骨料

③ 钢筋：铁矿、煤、石灰石、白云石等

地面：

① 水泥

② 瓷砖：水泥、石灰粒等

③ 陶瓷：黏土、硼酸盐、长石

④ 花岗岩

⑤ 大理石

⑥ 石板

墙：

① 砖：黏土

② 砖块：混凝土

③ 混合物：水泥、石灰、砂

④ 灰浆：石灰、砂

⑤ 砖坯：成型黏土，在太阳光下晒干

⑥ 岩石

⑦ 玻璃砖

⑧ 灰皮：石膏

⑨ 油漆：石灰、石灰石（碳酸钙）、重晶石等

屋顶：

① 瓦片：黏土

② 镀锌板：钢、锌

③ 护墙板：铝、铜、铅

④ 天花板：石膏、石膏板、铝

⑤ 保护膜：铝、沥青

⑥ 保温层：玻璃棉

门窗：

① 钢

② 铝

③ 玻璃：石英、苏打灰、石灰石、金属等

厨房和卫生间：

① 钢、不锈钢等

② 台面：不锈钢、花岗岩、大理石等

③ 地面/墙：陶瓷、大理石、花岗岩等

④ 管道：铜、铅、钢等

⑤ 配件和连接件：钢、铜、黄铜（铜—锌）等

⑥ 器具：钢、铝、铜等

⑦ 工件：黏土、硼酸盐、铁

⑧ 镜子：玻璃、汞

设施：

① 电气设备：铜、铝、钢、镀锌铁

② 饮水设施：铜、铅、镀锌铁

③ 排水管：铁等

附件 5

2012 年古巴镍业集团(CUBANÍQUEL)针对雷内·拉莫斯·拉图(René Ramos Latour)公司工作人员通知的主要内容

镍业公司雷内·拉莫斯·拉图(René Ramos Latour)司令公司是古巴的第一个镍生产场站,于 1943 年 12 月开始开采,以满足第二次世界大战美国政府对镍的需求量。该场站首次成功地运用了氨浸工艺。场站的建设和后期运营促进了尼卡罗地区的发展,成功培养出了古巴镍产业的工作人员。该场站 1947 年被停,1952 年朝鲜战争时期恢复运营并提高了生产能力。

1960 年 4 月 24 日,尼卡罗工厂收归国有,从那时起以曾经的员工雷内·拉莫斯·拉图(René Ramos Latour)的名字来命名。自此公司成为国民经济收入的重要来源。员工们战胜了各种困难,成功将工厂运营起来。

20 世纪 90 年代,场站的运营遇到了极大的困难,原材料供应短缺,并且无法取得外部融资。工人们并没有放弃,通过合理利用储备资源,在恶劣的条件下不断努力创新,使得生产活动在最困难的年代仍然得以进行下去。国家尽全力保证材料的供应和基本的投资,最大限度地保证生产的稳定性。

在这样的背景条件下,技术水平得不到提高,公司每年都无法完成年计划任务。冶金效率低下、消耗率高以及能源供应价格的飙升,使得公司在近几年频频亏损。

公司所采用的技术方法对燃料的成本非常敏感,目前国际市场的燃料价格呈现上升趋势,但公司机械和设施的技术状况较差,无法大幅度改善冶金和能源利用的效率,只能将运营成本降至最低。

目前,镍在国际市场的价格较低,并且在接下来的几年中,无法预计镍的价格是否会恢复提高到能够抵消场站高运营成本的水平。同时,石油和其他原材料的价格仍然呈现上涨趋势,尽管 2012 年价格的上涨率已经开始下降。

公司开始采取相应的措施来提高场站的寿命,其中比较重要的是投资引入了比纳莱斯(Pinares)的传送装置,保证了向场站的矿物供应,提高了还原炉场站的效率。但是,技术缺陷、投资资金的需求和无法进行回收利用的现状,加上镍和石油目前以及今后的价格,使得开采活动无法继续进行。

根据古巴共产党第17号经济和社会发展政策以及在第六次代表大会上批准的决议,在财务报表中持续亏损的国有公司必须进行清算,因此公司决定停止雷内·拉莫斯·拉图(René Ramos Latour)司令工厂的镍业生产,更改公司目标业务,开始发展其他生产活动和服务,其中包括:

——将设备和设施拆除,卖给古巴镍业集团(CUBANÍQUEL)和古巴其他的公司,以回收原材料。

——维修和保存在今后的投资项目中可能用到的设备和设施。其中,包括比纳莱斯(Pinares)的传送装置和铁路。

——为公司集团或古巴的其他公司提供采矿服务。

——根据现有的合作协议,提供境外服务。

对于目前正在为雷内·拉莫斯·拉图(René Ramos Latour)公司提供服务的机构,将根据其服务种类分派到国内的其他公司。在按照方案进行企业转型期间,要坚持的原则是:在古巴,没有人会无处可去。另外,会根据这些年员工们作出的努力和贡献,给予不同的待遇和安排。

公司保证会为所有的员工在转型的新公司、古巴镍业集团(CUBANÍQUEL)的其他单位、国内的其他机构安排工作,或者根据国际合作协议派至委内瑞拉和其他国家工作。为此,在某些情况下,公司需要对劳动力进行重新鉴定,主要针对那些无法达到新工作职位要求和无法进行重新鉴定的员工。

革命领袖和基础工业部(MINBAS)相信你们能够凭借自己的经验、知识和努力完成新的工作任务,坚持雷内·拉莫斯·拉图(René Ramos Latour)为古巴献身的革命精神,继续维护和发展我们的国家。

基础工业部

2012年12月

附件 6

能源和矿产部(MINEM)下属公司获得雷内·拉莫斯·拉图(René Ramos Latour)荣誉勋章的杰出员工清单

1982:德梅特里奥·普雷西利亚·洛佩斯
(Demetrio Presilla López)
被视为古巴采矿业之父
(详见附件 2)

1982:阿尔多·莱瓦·莫拉加
(Aldo Leyva Moraga)
古巴镍业集团(CUBANÍQUEL)雷内·拉莫斯·拉图(René Ramos Latour)司令公司。
1997 年获得古巴共和国劳动英雄称号

1982:豪尔赫·斯宾塞·福斯特
(Jorge Spencer Foster)
古巴镍业集团(CUBANÍQUEL)佩德罗·索托·阿尔巴司令公司

1983:奥古斯托·克罗·加罗法洛

(Augusto Coro Garófalo)

地矿盐业集团(GEOMINSAL)比那尔德里奥(Pinar del Río)地矿公司

1990年获得古巴共和国劳动英雄称号

1988:雷吉诺·莱亚尔·奥罗佩萨

(Regino Leal Oropesa)

地矿盐业集团(GEOMINSAL)比亚克拉拉(Villa Clara)地矿中心公司

1990:玛利亚·安东尼娅·阿玛尔夫·费尔南德斯

(María Antonia Amalf Fernández)

地矿盐业集团(GEOMINSAL)比那尔德里奥(Pinar del Río)地矿公司

1993:米丽娅姆·阿达萨瓦尔·巴拉

(Miriam Aldazabal Parra)

地矿盐业集团(GEOMINSAL)古巴圣地亚哥(Sandiago de Cuba)东部地矿公司

1995:拉斐尔·阿玛尔夫·卡马尼奥斯

(Rafael Amalf Camaños)

地矿盐业集团(GEOMINSAL)比那尔德里奥(Pinar del Río)地矿公司

2006 年获得古巴共和国劳动英雄称号

2001:安得列斯·罗德里格斯·加西亚

(Andrés Rodríguez García)

地矿盐业集团(GEOMINSAL)玛雅贝克(Mayabeque)西部矿产公司

2004:威尔麦迪斯·加西亚·埃尔南德斯

(Wilmedis García Hernández)

古巴镍业集团(CUBANÍQUEL)莫阿(Moa)佩德罗·索托·阿尔巴司令公司(Comandante Pedro Sotto Alba)

2016 年获得古巴共和国劳动英雄称号

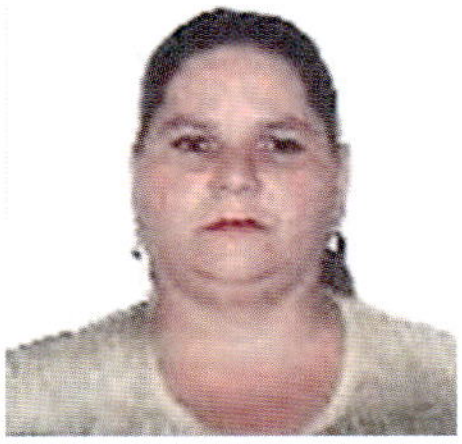

2014:伊德利萨·宏科·卡尔萨迪亚

(Hildelisa Junco Calzadilla)

地矿盐业集团(GEOMINSAL)卡马圭(Camagüey)地矿公司

附件 7

古巴东部地区纪念雷内·拉莫斯·拉图(René Ramos Latour)司令的地方

安蒂亚 Antilla(现奥尔金省 Holguín):

——原望海路,现雷内·拉莫斯·拉图路。

——雷内·拉莫斯·拉图司令牙科诊所。

——丹尼尔司令(雷内·拉莫斯·拉图)街教学医院。

——雷内·拉莫斯·拉图司令理工学院。

——丹尼尔司令(雷内·拉莫斯·拉图)麦粉厂。

——雷内·拉莫斯·拉图司令集体生产基础合作社(UBPC)。

古巴圣地亚哥(Santiago de Cuba):

——雷内·拉莫斯·拉图大街(原伍德将军大街),此处有卡里达·拉莫斯(Caridad Ramos)设计的纪念碑。

——雷内·拉莫斯·拉图区,从波尼亚托(Boniato)起,包括圣维森特(San Vicente)、埃尔科夫雷(El Cobre)(金矿生产商——奥罗巴里塔(Oro Barita)厂所在地),直到埃尔克里斯托(El Cristo)。

——四所以雷内·拉莫斯·拉图命名的小学。

尼卡罗(Nicaro)(现奥尔金省 Holguín):

——其本人在奥古哈尔(Ocujal)矿场创办的雷内·拉莫斯·拉图小学。

——雷内·拉莫斯·拉图司令大学预科学院。

——雷内·拉莫斯·拉图司令公司,2012 年以前是镍生产厂,现在是矿业服务和维修公司。

埃尔乔巴尔(El Jobal)(巴托洛梅马索(Bartolomé Masó),现格拉玛(Granma)省),司令在战争中牺牲的地方:

——雷内·拉莫斯·拉图司令国家经济组织。

附件 8

1957 年尼卡罗镍业加工公司雷内·拉莫斯·拉图工作表 CP—592（工作表现评估）——存于尼卡罗博物馆档案中

现任职务：首席会计师。入职时间：1953 年 3 月 16 日。工作成果：评估成绩为 1～10 分。

——完成工作成果的工作量和工作能力：8 分，不变。

——为优化工作方法提出的创新：7 分，不变。

——具体工作的基础知识量：8 分，不变。

——计划和组织工作能力：8 分，有所提高。

——工作中的判断力、尝试性和鉴别力：8 分，不变。

——工作成果的准确性、完整性和可靠性：8 分，不变。

——与公司其他部门的合作：8 分，不变。

——通过教育下属，激发其工作兴致、热情和责任心的能力：7 分，不变。

——创造并维护良好的工作热情，尊重下属，以诚相待：8 分，不变。

——坚定工业建筑、经济、社会和道德原则：8 分，不变。

评估督察员签名：

罗伯特·P. 斯蒂尔（Robert P. Steel）先生

报告时间：1957 年 1 月 11 日。

总成绩：78 分。

是否正在或已经参加某个培训课程或接受某种专业培训？

在哈瓦那大学学习律师专业。

结论：有进步。

附件 9

在古巴开展采矿业相关业务的联系方式

与骨料和建筑材料相关的业务：

建筑材料产业公司集团

地址：哈瓦那广场卡洛斯 M 萨塞佩德斯大街 35 号(Ave. Carlos M. de Céspedes y 35, Plaza, La Habana)

邮编：10600

电话：(＋53)78839821/78838362

电子邮箱：elennis@oc. geicon. cu

与金属矿物或非镍金属矿物有关的业务：

地矿公司

地址：哈瓦那圣米盖尔德尔帕德隆吉内斯路、圣女卡米诺路和铁路线交叉口洛杉矶大楼(Calzada de Güines s/n e/Virgen del Camino y Línea del Ferrocarril, Rpto. Los Ángeles, San Miguel del Padrón, La Habana)

电话：(＋53)76902741/76902742

传真：(＋53)76902786

电子邮箱:dirección@gmsa.cu
网址:www.gmsa.cu

与镍矿有关的业务:

加勒比海镍业商务公司

地址:哈瓦那旧城区哈瓦那和孔波斯特拉路德斯阿姆帕拉多斯166号商业中心"阿拉米达·德宝拉"501室(Centro de Negocios "Alameda de Paula", oficina 501 Desamparados # 166 e/Habana y Compostela, La Habana Vieja,La Habana)
电话:(+53)78624601/78624608
电子邮箱:caribbean@ccn.co.cu

与碳氢化合物有关的业务:

巴石油联合商业公司

地址:哈瓦那埃尔维达多11东路511号(Calle 11 # 511 e/D y E, El Vedado. La Habana)
电话:(+53)78314752
传真:(+53)78314751
网址://www.cupet.cu/es/nuestras-empresas/negocios

与城市采矿有关的业务：

原材料回收联合公司

地址：哈瓦那望海广场一号大街 16 号拐角 1604 号（Ave. 1ra. ＃ 1604 esq. 16，Miramar，Playa，La Habana）

电话：（＋53）7221247/2091071

传真：（＋53）7240681

电子邮箱：macias@uermp. colombus. cu

网址：//www. cubagob. cu/des_eco/sime/grupos/reciclaje. htm

参 考 文 献

[1] 奥尔特加(Ortega),何塞菲娜(Josefina).传奇人物丹尼尔司令[N].起义军青年报,[1988-7-29].

[2] 奥雅尔顺 R(Oyarzún R).矿场地质学介绍:勘探与评估[M].马德里:马德里 GEMM 出版社,2011.

[3] 奥雅尔顺 R(Oyarzún R),豪尔赫(Jorge),罗伯托·奥雅尔顺(Roberto Oyarzún).可持续发展采矿业:原则和实践[M].马德里:马德里 GEMM 出版社,2011.

[4] 贝西诺(Vecino),阿莱格雷特·费尔南多(Alegret Fernando).起义军,一名战士的见证[M].哈瓦那:哈瓦那社会科学出版社,2004.

[5] 贝兹(Báez),路易斯·弗朗西斯科(Luis Francisco).长官的秘密[M].哈瓦那:哈瓦那西马尔(SI-MAR)出版社,1996.

[6] 布斯蒂略(Bustillo),马努埃尔(Manuel),C.洛佩斯(C. López).矿产资源:分类、勘探、评估、开采、冶炼和环境影响[M].马德里环境面貌出版社,1996.

[7] 弗朗基(Franqui),卡洛斯(Carlos).古巴革命日记[M].1976.

[8] 格瓦拉(Guevara),埃内斯托(Ernesto).一个战士的日记[M].哈瓦那:哈瓦那南洋出版社,2011.

[9] 古巴武装部政策领导处.勋章和荣誉颁发系统[R].1980.

[10] 哈特(Hart),阿曼多(Armando).提请注意[M].哈瓦那:哈瓦那古巴文学出版社,1997.

[11] 卡尔瓦切(Calvache),安东尼奥(Antonio).古巴矿业历史和发展[M].哈瓦那:哈瓦那海王星出版社,1994.

[12] 卡斯特罗(Castro),菲德尔(Fidel).1966 年 8 月 26 日在莫阿发表

的演讲[R]. 网址：www. cuba. cu/gobierno/discursos/1966/esp/f260866e. html.

[13] 卡斯特罗(Castro)，劳尔(Raúl). 2010 年 12 月 18 日人民政府全国代表大会第七次立法会议第六次例会发表的演讲[R]. 网址：www. cubadebate. cu/especiales/2010/12/18/raul-castro-discurso-en-la-asamblea-nacional.

[14] 科特林斯基(KotlinsKi)，V. 斯托亚诺娃(V. Stoyanova)，H. 哈姆拉克(H. Hamrak)，等. 国际海洋金属(IOM)深海技术发展全景(开采和加工)[R]. 2008. 网址：https://www. isa. org. jm/files/…/EN/…/IOM-Abst. pdf.

[15] 昆塔斯(Cuentas)，马里奥(Mario). 采矿活动勘探手册[R]. 2009.

[16] 利洛(Lillo)，哈维尔(Javier)，罗伯托·奥亚尔顺(Roberto Oyarzún). 构造地质学应用于矿业和矿产勘探：基本原理[M]. 马德里：马德里 GEMM 出版社，2013.

[17] 利纳雷斯·卡拉(Linares Cala)，艾薇里奥(Evelio)，多拉·伊莉莎·加西亚·德尔加多(Dora Elisa García Delgado)，等. 古巴共和国碳氢化合物矿藏和迹象[R]. 2011.

[18] 卢松(Lussón)，安东尼奥·恩里克(Antonio Enrique). 胜利三角形[M]. 哈瓦那：哈瓦那橄榄绿出版社，2008.

[19] 帕切科(Pacheco)，犹大(Judas)，埃内斯托·拉莫斯(Ernesto Ramos)，等. 丹尼尔，平原和山区的领袖[M]. 哈瓦那：哈瓦那政治出版社，2008.

[20] 舒客(Shook)，约翰(John)：指导和学习[R]. 2010.

[21] 苏茜·萨尔法蒂(Susi Sarfati)，萨洛蒙(Salomón). 菲德尔·卡斯特罗语录[M]. 哈瓦那：哈瓦那政治出版社，2008.

[22] 索托(Sotto)，路易斯·多明戈(Luis Domingo). 古巴采矿业历史概况[M]. 圣地亚哥：古巴圣地亚哥东方出版社，1981.

致　　谢

感谢从事矿业相关的工人、专家、工会领导和管理人员，特别是直接参与采矿业工作的人。

感谢雷内·拉莫斯·拉图(René Ramos Latour)司令的家人，以及与其共同战斗和支持他的人。

我获得了很多人的帮助，因为有了他们，才得以完成本书的创作。

在此要特别感谢我的母亲——胡安娜·昆塔纳·托里斯(Juana Quintana Torres)，以及玛利亚·埃斯特·罗伊斯·冈萨雷斯(María Esther Reus González)、弗雷迪·拉莫斯·拉图(Fredy Ramos Latour)和亚伊迪苏里·萨拉查·因方特(Yaidisury Salazar Infante)。

感谢玛利亚·多洛雷斯·奥尔蒂斯博士(Dr. María Dolores Ortiz)、何塞·阿·奥塔尼奥·诺盖尔博士(Dr. José A. Otaño Noguel)、艾乌里赛尔·费尔南德斯·马雷斯梅博士(Dr. Eulicer Fernández Maresma)、马努埃尔·马雷罗·法兹博士(Dr. Manuel Marrero Faz)、露西亚·吉曼奈斯·贝尔纳斯(Lucía Jiménez Pernas)、梅赛德斯·巴尔德斯·梅萨(Mercedes Valdés Mesa)、安达·卡布雷拉·马特乌(Aida Cabrera Mateu)、里诺·查维亚诺·罗德里格斯(Lino Chaviano Rodríguez)、卡洛斯·埃斯特韦斯·欧拉查宝(Carlos Estévez Olazabal)、伊万·马丁内斯·赖耶特(Iván Martínez Leyet)、胡安·弗莱伊特斯·梅洛(Juan Fleites Melo)、奥斯瓦尔多·普列托·赫雷拉(Osvaldo Prieto Herrera)、胡安·马努埃尔·普雷萨·萨盖(Juan Manuel Presa Sagué)、鲁文·希德·卡博内尔(Rubén Cid Carbonell)、艾米利奥·罗德里格斯·费尔南德斯(Emilio Rodríguez Fernández)、艾米利托(Emilito)、拉萨罗·桑切斯·贝穆德斯(Lázaro Sánchez Bermúdez)、法维奥·雷蒙多·帕斯(Fabio Raymundo Paz)、

莱昂内尔·基罗斯·卡兰萨(Leonel Quiroz Carranza)、格拉迪斯·瓦尔迪维亚·罗德里格斯(Gladis Valdivia Rodríguez)、埃德尔·马努埃尔·奥利弗罗斯·加尔塞尔(Eder Manuel Oliveros Garcell)、奥斯卡·菲格雷多·斯塔布莱(Oscar Figueredo Stable)、柯奎(Coqui)、奥斯卡·巴蒂斯塔·巴蒂斯塔(Oscar Batista Batista)、路易斯·戈麦斯·纳沃纳(Luis Gómez Narbona)、马里奥·卡贝洛·马兰特斯(Mario Cabello Marantes)、里卡多·昆塔纳·桑塔纳(Ricardo Quintana Santana)、罗莎·科瓦斯·博泰(Rosa Cobas Botey)、苏浦·雷耶斯·方(Suzel Reyes Fong)和米雷维斯·特雷罗·帕尔梅罗(Mileivis Terrero Palmero)的支持。

同时,感谢奥斯马尼·桑切斯·美利奴(Osmany Sánchez Meriño)、梅赛德斯·彼得拉·蒙托亚(Mercedes Piedra Montoya)、默茜(Mercy)、安杰尔·哥伦比艾·纳瓦罗博士(Dr. Ángel Columbié Navarro)、赫尔曼·帕维尔·路易斯·莫尔加多(Germán Pavel Ruiz Morgado)、克里斯蒂娜·塞阿格娜米洛·摩拉(Cristina Seagnamillo Mora)、玛利亚·艾琳·巴尔斌·阿里亚斯博士(Dr. María Irene Balbín Arias)、亚奈拉·富恩特斯·佩雷斯(Yanela Fuentes Pérez)、胡安·卡洛斯·里韦罗·科拉斯(Juan Carlos Ribero Colas)、约奈特·卡尔博内尔·科德罗(Yunet Carbonel Cordero)、阿曼多·帕瓦·奥夫雷贡(Armando Power Obregón)、阿丽亚娜·弗莱奈·维拉(Aliana Frene Vera)、雅尼玛·罗德里格斯·拉格(Yanima Rodríguez Lage)、格莱伊尼斯·佩雷斯·伊格莱西亚斯(Greynis Pérez Iglesias)、阿拉米斯·拉塞拉·波图翁多(Aramís Lasserrat Portuondo)、卡洛斯·迪韦尔热·迪韦尔热(Carlos Duvergel Duvergel)、威尔基·威亚龙·桑切斯(Willkie Villalón Sánchez)、安杰尔·罗伯托·埃尔南德斯·巴劳(Ángel Roberto Hernández Palau)、阿瑞尔·奥斯瓦尔多·布拉马赛达·桑塔纳(Ariel Osvaldo Blamaseda Santana)、特雷西塔·戈麦斯·瓦列霍(Teresita Gómez Vallejo)、米尔莱尼·阿吉莱拉·罗德里格斯(Mirleni Aguilera Rodríguez)、塔蒂阿娜·阿玛朗·波加超瓦(Tatiana Amaran Bogachova)、豪尔赫·路易斯·塔马约·迪亚斯(Jorge Luis Tamayo Díaz)、何塞·艾姆·里郎萨·刚泰利斯(José M. Liranza Cantelis)、安娜·伊莎贝尔·罗克·罗德里格

斯(Ana Isabel Roque Rodríguez)、艾米利奥·佩雷斯·托雷斯(Emilio Pérez Torres)、勒内·洛佩斯·阿尔瓦雷茨(René Lopez Álvarez)和劳尔·塞·罗梅罗·托雷布兰卡(Raúl C. Romero Torreblanca)的支持。

感谢专业严谨的编辑出版人员玛利亚·德·罗斯·安赫莱斯·纳瓦罗·冈萨雷斯(María de los Ángeles Navarro González)和安东尼奥·恩里克·冈萨雷斯·罗哈斯(Antonio Enrique González Rojas);设计人员亚力克西斯·弗利亚斯·亚内斯(Alexis Frias Yanes)和卡洛斯·哈维尔·索利斯·门德斯(Carlos Javier Solis Méndez);以及其他所有专业人士为本书所作出的贡献。

胡安·鲁伊斯·昆塔纳(Juan Ruiz Quintana)